KB047370

그냥 하지 말라
당신의 모든 것이 메시지다

Don't Just Do It!
Your Every Move is the Message

일러두기

본문 중 일부는 저자가 〈중앙일보〉, 〈경향신문〉 등 다양한 매체에 기고한 글을 바탕으로 하며,
별도의 출처 표기는 하지 않았습니다.

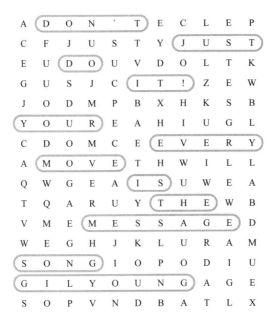

그냥 하지 말라
당신의 모든 것이 메시지다

송길영 지음

북스톤

2

변화
가치관의 액상화

3

적응
생각의 현행화

4
성장
삶의 주도권을 꿈꾸다

우리는 미래를 보았었다

2010년대 초반에 한국에 소개된 레트로한 디자인의 유럽산 냉장고는 가격이 비싼 데다 뛰어난 성능을 내세우지 않았음에도 한국에서 큰 사랑을 받았습니다. 1인 가구 증가, 온라인 집들이 등 새로운 정보전파 방식 등장, 디자인과 라이프스타일 중시 등의 변화는 전통적인 백색가전에도 새로운 기준을 제시하게 되었습니다. 경제발전 속도의 기울기가 완만해지고 삶의 질에 대한 욕구가 커지면서 자신의 삶을 돌아보게 된 사람들은, 가족과의 관계나 라이프스타일에 대해서도 전통적 가치관과 관습을 무작정 따르기보다는 다시 생각해보며 새로운 기준을 만들어가기 시작했습니다.

환경 변화에 적응하고자 하는 개인의 변화는 생명체가 생존하기 위해 노력하는 치열한 과정과 다르지 않습니다. 이를 자세히 관찰하면 어떤 방향으로 적응해야 할지 이해할 수 있습니다. 제가 하는 일이 이것입니다. 저는 사람들이 남긴 흔적을 그러모아서 그 속에 담긴 사람들의 마음을 읽습니다.

여러분은 일상적으로 엄청난 자료를 남기시죠. 예를 들어 친구들과 카카오톡을 한다든지 자동차 운전 기록 같은 것이 남습니다. 이런 지극히 내밀한 사적 정보까지 들여다보는 건 아니고요, 온라인상에 여러분이 쓴 글들, 게재한 사진들, 관심 사안에 대해 남긴 의견 같은 것들을 그러모으는 일을 합니다. 이런 빅데이터를 모아보면 그 속에 패턴이 있습니다. 그 패턴을 AI 기술로 인식해서 우리의 생각을 이해하기 위한 소중한 자료로 쓰고 있습니다. 말 그대로 마음을 캐는, 마인드 마이너mind miner죠. 그럼으로써 여러분이 남긴 흔적에 들어 있는 행동과 이유, 욕망을 이해할 수 있습니다.

처음부터 사람의 마음에 집중했던 건 아닙니다. 제가 이 일을 시작하게 된 동기는 데이터에 들어 있는 패턴을 보고 싶었기 때문이었어요. 하지만 데이터가 그려내는 패턴에 어떤 의미가 들어 있는지는 미처 알 도리가 없었죠.

그러던 중 2010년 한 신문사에서 데이터를 통해 한국사회를 조망하는 작업이 가능한지 의뢰했습니다. 그전까지는 기껏해야 특정 제품과 서비스에 대한 사람들의 관심을 측정하는 리포트를 내는 수준이었던 터라 언감생심 그 일이 가능한지도 가능할지도 가늠할 수 없었습니다. 하지만 주요 일간지 전면을 무려 5일이나 우리의 이름을 걸고 채울 수 있다는데, 그 기회를 놓칠 수는 없었죠. 당시 그 작업에 참여했던 사람들의 패기와 무모함은 지금 생각해보면 가히 치기에 가까웠던 것 같습니다. 그럼에도 돌이켜보건대 그때가 저와 동료들의 터닝포인트였음은 분명합니다.

과연 데이터를 통해 사회를 볼 수 있을까요? 물론 전부를 보는 것은 불가능합니다. 하지만 사회의 단면을 일정 수준만큼 이해하는 것은 가능합니다.

실제로 수많은 사회현상에 대한 당시 우리의 판단과 근거는 오래 지나지 않아 사실로 인식되기 시작했습니다. 우리가 한 이야기가 사람들 사이에 합의의 기준으로 사용되었습니다. 우리의 생각에 근거해 많은 이들이 협의하고 합의해가는 과정을 바라보면서, 우리가 하는 일이 어떤 의미를 지니는지 좀 더 명확하게 인지하게 되었습니다.

2012년 저는 그간 했던 우리의 공부와 경험을 한 권의 책으로 묶었습니다. 제목은 《여기에 당신의 욕망이 보인다》입니다. 사람들의 욕망이 발현되는 것을 보고, 그 욕망이 합의되는 곳 그리고 합의된다고 믿는 곳을 본다면 우리 삶도 볼 수 있지 않을까요? 그리고 우리 욕망의 원천을 이해할 수도 있지 않을까요? 우리가 이런 시도를 하고 있음을 알리고자 거칠게 정리해본 결과물이었습니다.

그 후 '빅데이터'라는 단어는 우리 사회에서 하나의 유행어가 되었습니다. 사람들은 스마트폰을 이용해 자신의 생각을 여러 곳에 알렸고, 그렇게 쌓인 데이터는 한 명 한 명의 욕망을 기술하는 근거가 되었으며, 그 욕망의 합은 우리 사회가 합의를 이루어가는 소중한 출발점이 되었습니다.

그러나 한편으로 그러한 욕망의 상호작용을 바라보면서, 저는 서로에 대한 오해와 억측이 얼마나 많은 갈등을 만들어내고 있는지도 조금씩 보았습니다. 선한 의도로 준비한 많은 것들이 사실은 상대방이 진정 원하는지 제대로 관찰하지도 않은 채 마구잡이로 던져진 것이었죠. 그러한 오해와 엇갈림들을 정리해서 2015년에 낸 책이 《상상하지 말라》입니다.

그러고 다시 6년이 지났습니다. 그사이 빅데이터는 산업에 하나의 표준이 되기 시작했고, 사람들이 정보를 얻는 방식도 신문과 방송 같은 지면이나 전파가 아닌 디지털 세상의 수많은 플랫폼을 통하게 되었습니다. 각자의 생각을 드러내는 SNS 활동은 자신의 '채널'을 가진 1인 미디어로 확장되었고요. 인공지능은 특정 콘텐츠를 특정 사람들에게만 저격하듯 전달하는 개인화된 정보 제공의 그물로 쓰이고 있죠. 저와 동료들은 사람들의 생각이 어떻게 변화하고 확산되는지 꾸준히 측정하고 관찰해가며 새로운 시대의 합의가 어떻게 형성되어 가는지 차츰 이해하게 되었습니다.

그러던 중 흥미로운 현상이 곳곳에서 목격되었습니다. 우리가 일찍이 주목했던, 미래 세상을 슬쩍 엿보게 해주던 작은 조짐과 징후들이 10년도 채 지나지 않아 사회의 크고 작은 변화를 일으키고 있음을 확인하게 된 것입니다.

그렇습니다. 감히 말씀드리건대, 우리는 미래를 미리 본 것입니다. 다만 그때는 그것이 미래인지 몰랐을 뿐. 그저 잠시 나타나는 작은 변화인 줄로만, 아니면 낯선 유행인 줄로만 알았습니다. 하지만 변화가 누적되고 서로 영향받으며 더 큰 변화를 만들어내는 과정을 숱하게 목격하며, 세상에는 유기체처럼 연결되어 변화의 방향이 합의되는 메커니즘이 있음을 납득하게 되었습니다. 말하자면 예전에 우리가 본 그것은 미리 온 미래였던 셈입니다.

그러한 경험이 반복되면서 제게는 일종의 만트라 같은 문장이 생겼습니다.

'일어날 일은 일어난다.'

일어날 일이 일어나는 이유는 운명론이거나 정해진 결과가 예정되어 있기 때문이 아닙니다. 우리가 그것을 선호하고, 그것을 원하기 때문입니다. 모둠살이가 숙명인 인간종種의 구성원 한 명 한 명이 원하는 지점, 각자의 욕망이 합의되는 지점, 바로 그곳에서 일어날 일은 일어납니다. 각자의 욕망이 부딪치고 서로 만나 추동하며 생성되는 더 큰 욕망의 용광로가 곧 우리의 미래입니다.

그동안 제가 데이터를 통해 욕망을 관찰하고 미래를 보았다면, 과연 그것은 무엇일까요? 그 변화가 우리의 삶을 어떻게 바꾸고, 우리를 어떤 세상에 데려다 놓을까요? 그 세상에서 우리는 어떻게 살아야 할까요?

막연한 감이 아닌 데이터를 통해 욕망을 보자는 첫 번째 메시지(《여기에 당신의 욕망이 보인다》)는 이해와 배려를 위한 관찰(《상상하지 말라》)로 이어졌습니다. 그사이 변화는 더욱 빨라졌고 미래는 한층 당겨졌습니다. 당연함은 전혀 당연하지 않게 되어버려 이제는 선배들이 하던 대로, 예전에 하던 대로 그냥 하면 안 됩니다. 이 혼란기에 우리가 가져야 할 스탠스가 무엇일지, 어떻게 적응하고 성장할지 모색해보려 합니다.

물론 우리는 각자 개성을 지닌 존재이고 저마다 환경도 다르므로 모든 변화를 똑같이 실감하지는 않습니다. 소설가 윌리엄 깁슨William Gibson은 이렇게 말하기도 했죠.

"미래는 이미 와 있다. 다만 모두에게 균등하게 온 것은 아니다 The future is already here—It's just not very evenly distributed."

그의 통찰처럼, 미래가 삶에 깃드는 시점에도 시차가 있는 듯합니다. 미래가 우리에게 와 있지만 이미 변화를 온몸으로 겪고 있는 분도 있고, 아직 실감하지 못하는 분도 있으리라 생각합니다. 재택근무 시대가 성큼 다가왔다고 하지만 업의 특성이나 조직의 분위기에 따라 아침마다 출근길에 오르는 분들이 당분간은 더 많을 것입니다. 회식이 사라진다 해도 동료들과 저녁을 함께하는 직장인들이 여전히 있을 것입니다.

아직 내게 일어나지 않았다 해도 다른 이에게 일어나고 있는 변화라면, 언젠가 나에게도 일어나게 돼 있습니다. 그러니 내게는 아직 일어나지 않은 일이라 해도 변화를 미리 보는 마음으로 읽어주시면 좋겠습니다.

20년 가까이 이 일을 하면서 사람들의 생각이 어떻게 변화하는지 볼 수 있는 행운을 누렸습니다. 그러다 보니 개인의, 개인들의 욕망의 합이 곧 미래에 벌어질 일들의 인풋임을 알았습니다.

그러니 바라건대, 욕망하기를 멈추지 마십시오. 애초에 멈출 수도 없습니다. 욕망이란 나의 존재가 좀 더 안정되게 유지되길 바라는 소박한 마음에서, 내가 소멸한 후에도 나의 존재가 잊히지 않기를 바라는 본능에서, 나의 자아가 같은 종의 다른 개체들에게 존중받고 영향력을 가지길 바라는 무한한 욕심에서 뿜어져 나오는 것이니까요. 우린 결코 욕망하기를 멈출 수 없습니다.

그러니 욕망하고, 원하는 것을 시도하십시오. 지금 시작하면, 여러분에게도 일어날 일은 일어날 것입니다.

일어날 일은 일어난다.

DEJA VU

1

기시감

당겨진 미래

오피니언마이닝워킹그룹Opinion Mining Working Group이라는 연구모임이 있습니다. 데이터가 산처럼 쌓였는데, 이 데이터를 기업이나 기관이 어떻게 활용할 수 있을지 연구해보자는 취지로 개설한 모임입니다. 지금 생각해보면 지극히 기능주의적 관점이었죠. '손에 쥔 게 있는데 이걸로 뭘 하지?' 하는 발상이었으니까요. 망치를 들면 세상이 온통 못으로 보인다는 유명한 말처럼 말입니다.

실용적인 유용함을 찾다 보니 실제로 효용도 한정되더군요. 그래서 그다음에는 거꾸로 접근해봤습니다. 빅데이터가 사람들이 쌓은 흔적이라면 그 흔적이 왜 만들어졌고, 무엇을 말하고 싶었는지 찾아보고자 했습니다. 특히 한 명 한 명이 아니라 복수의 사람들이 어떤 말을 하고, 함의가 어떻게 달라지는지를 파악하고 싶었습니다.

이것을 저희 데이터 분석가들끼리만 고민하는 건 역부족이니 함께할 분들을 찾았습니다. 마케팅, 상품기획, 품질관리 담당자들과 함께 데이터를 보고 의미를 분석했습니다. 그뿐 아니라 커뮤니케이션 전공자, 심리학자, 인류학자, 사회학자, 기술 전문가 등 여러 분야의 전문가들을 모시고 학제적 연구를 해보고자 강연을 요청했습니다. 그리고 건축가와 작가, 다큐멘터리 감독에 이르기까지 무엇인가를 만들어내는 창작자들의 고민도 들어보았습니다. 그 자리가 바로 오피니언마이닝워크숍Opinion Mining Workshop,

OMW입니다.

매년 한두 차례 OMW를 개최한 지 어느덧 16년이 되었습니다. 그동안 엄청나게 많이 배웠습니다. 더욱이 저는 운 좋게도 매번 발표할 기회를 얻은 덕분에 제 강연들이 자료로 남아 있습니다. 그 자료를 최근에 다시 들춰보았습니다. 과거와 지금, 의미가 달라진 것들이 있는지 보기 위해서였죠.

하나의 예를 들어볼까요? 과거의 TV는 어떤 것이었나요? 요즘은 TV가 거실 모퉁이에 있는 것이 인스타그램에서 자주 눈에 띕니다. 예전 TV는 중앙에 있었는데요. 그때 거실에는 누가 있었죠? 아빠였습니다. 아빠는 항상 거실에서 주무셨습니다. 전작 《상상하지 말라》에서 충분히 설명했다시피 아빠는 직장에서 힘든 데다 엄마와 달리 가족과의 유대도 끈끈하지 못해 집안에서 자신의 정체성을 유지하기 어려웠습니다. 어떻게든 가족과 부대끼고는 싶은데 관계가 어정쩡하다 보니 TV를 본다는 핑계로 거실에 머물다 잠들곤 했죠. 지금도 간혹 그런 장면이 인스타그램에 나옵니다. 주말 아침이면 '눈뜨자마자 먹을 거 챙겨서 동물농장 본다'는 글에는 러닝셔츠 바람의 아저씨가 혼자 TV 보는 모습이 올라옵니다. 보던 프로그램이 채 끝나기도 전에 저분은 낮잠에 빠질지도 모르겠습니다.

그러나 훨씬 더 많은 아빠의 주말 풍경은 과거와 달라졌습니다. 거실에서 TV의 존재감이 작아지고, 가족이 함께 시간을 보내는 모습이 관찰됩니다. 예전에는 이사하면 거실 벽면의 좌우 간격을 맞춰가며 TV 위치부터 잡은 다음 나머지 가구를 배치했는데, 이제는 책장이 거실 벽면을 다 차지하고 TV는 센터 자리를 빼앗겼습니다. 대신 TV에 다리가 생겼습니다. 이제 TV에 중요한 것은 '이동성'입니다. 어디든 놓일 수 있도록 스탠드를 갖춘 TV 덕에 거실은 누워서 TV만 보던 곳이 아니라 다양한 목적과 감성의 공간으로 변화하고 있습니다. 이를 통해 가족의 변화, 아빠의 변화를 이해할 수 있겠죠.

고백하건대 저도 바깥 활동이 많은 전형적인 한국 아빠였습니다. 그러다 2013년에 거실과 아빠에 관한 데이터를 분석하고 각성이 일었습니다. 이렇게 살다가 큰일나겠다 싶었던 거죠. 그 뒤로 가족과 더 많은 시간을 보내려 의식적으로 노력했습니다. 아마 많은 아빠가 비슷한 노력을 했을 것입니다. 그 결과 오늘날의 거실 풍경이 달라진 것입니다.

그런데 가만히 보니 이런 내용이 한두 개가 아니었습니다. 예전에 흥미롭게 했던 관찰과 측정, 조심스런 추론이 몇 년 만에 현실화된 것이 무척 많았습니다.

1부는 이런 데자뷰, 변화의 기시감에 대한 이야기입니다.

미래가 당겨졌다.

개에 대한 서로 다른 이야기

과거에 '개 좋아하세요?' 하는 문장은 어떤 분들에겐 점심 메뉴를 묻는 표현으로도 쓰였습니다. 지금 그렇게 물어본다면 상대방의 공감을 얻지 못할 가능성이 매우 높습니다. 예전 유럽의 여배우 한 분이 한국의 강아지 먹는 문화를 비난했을 때 한국인들은 분노했어요. 서양인이 함부로 우리 문화를 모욕한다고요. 그런데 지금 그런 일이 일어나면 반응이 사뭇 다를 것 같지 않습니까?

책을 읽는 어떤 분들은 이게 도대체 언제 적 얘기냐고 놀라실 텐데, 이런 변화가 사실 얼마 안 된 것입니다. 누군가에게는 10여 년 전에 끝난 이야기겠지만, 누군가는 불과 몇 년 전의 기억일 수도 있습니다. 누군가에게는 지금도 일어나는 일일 테고요.

우리가 당연하게 마시는 생수도 1995년 이전에는 판매금지 품목이었습니다. 공기나 다름없는 물을 누구는 더 특별히 관리해서 먹는 행위가 계층 간 위화감을 조장할 수 있다는 우려 때문이었죠. 이처럼 그때는 틀렸고 지금은 맞는 것이 얼마나 많을지 생각해봅니다. 더 확장하면 지금 보기엔 당연한데 나중에는 당연하지 않을 것이 얼마나 많을지도 생각해볼 문제입니다.

개가 귀여움의 대상인 애완동물로, 다시 삶을 함께하는 반려동물이 된 것은 20년도 채 되지 않았습니다. 생각해보면 '반려'라는 키워드가 생겨난 것 자체가 상대에 대한 배려가 시작되었다는 증거입니다. 최근에는 사람이 자신을 '반려인'이라 표현하기도 합니다. 만물의 영장으로 군림하던 인간이 지위를 내려놓고 자연만물과 공존하는 존재로 스스로를 인식하기 시작한 것일까요? 인간은 심지어 같은 종끼리도 싸우는 존재인데, '반려'라는 키워드는 편협했던 공동체의 개념을 한층 넓고 길게 보는 관점을 담고 있는 것 같습니다. 그만큼 우리가 겸허해졌다는 뜻이기도 하겠죠.

이 의미 있는 변화가 언제부터 생겨난 것인지도 정확히 측정할 수 있습니다. '반려동물'이라는 표현은 2016~18년 사이 2배 가까이 늘었고 '반려식물'은 무려 4배 가까이 증가했습니다. 비단 빅데이터가 아니더라도 10년 넘게 비혼/비출산이 이어지는 것에서 반려동물의 상승을 유추해볼 수 있습니다. 근원적으로 인간은 외로운 존재여서 함께할 대상이 필요하니까요.

함께하는 이 마음이 확장되면 산업을 바꾸기도 합니다. 단적인 예가 동물병원의 호황입니다. 최근에는 반려견 임플란트, 그리고 노령견의 백내장 수술이 각광받고 있습니다. 한쪽 눈 400만 원, 양안 600만 원으로 상당히 비싼 비용이지만 대학부설 동물병원의 예약이 밀려 있다고 합니다. 저희 동네만 봐도 사람을 위한 병원은 상가 2층에 있는데 동물병원은 1층에서 24시간 운영됩니다. 더 비싼 임대료를 감당할 수 있을 만큼 동물을 대하는 우리의 태도가 정성스러워졌음을 알 수 있습니다.

심지어 반려동물을 위한 음식도 인간 레벨로 준비합니다. '휴먼 그레이드 펫 푸드'라는 문장이 인쇄된 포장지의 설명은 사람에게도 제공될 만큼 질 높은 재료로 만들었다고 이야기합니다. 이쯤 되니 동물병원의 주무부처를 농림수산부에서 보건복지부로 옮겨야 하는 것 아니냐는 의견도 나온다고 합니다. 가축이 아니라 가족이니까요. 저희가 관찰하는 데이터 상에도 '우리집 막내'라는 표현이 반려견을 지칭한 지 꽤 되었습니다. 언제부턴가 자동차 광고에 반려견이 안전벨트를 한 모습이 등장하기 시작했습니다. 지금은 강아지 안전벨트가 액세서리이지만 조만간 자동차를 구입할 때 들어가는 기본옵션이 될 것도 같습니다.

이런 이야기에 누군가는 '유난 떤다'고 하겠지만 다른 누군가는 당연한 것 아니냐고 반문할 겁니다. 우리 삶에서 일어나는 이 모든 변화를 여러분은 잘 받아들이고 있는지요? 여러분의 감수성이 어느 정도냐에 따라 삶에 대한 이해도가 달라질 테고, 몸담은 산업의 전망도 달라질 것입니다. 강아지에게 안전벨트가 웬 말이냐며 사람을 위한 안전벨트만 만든다면 시장은 부정적일 수밖에 없습니다. 현재 우리나라에서 매년 태어나는 아이가 30만 명도 안 되니까요.

꽤 오랫동안 TV 없이 살아오던 저는 얼마 전 넷플릭스를 크게 보고 싶은 마음에 TV를 사러 매장에 갔습니다. 저희 집도 책장이 거실 벽을 감싸고 있어서 TV 놓을 데가 마땅치 않아 스탠드 TV를 사려고 했죠. 그랬더니 매장 직원이 '반려동물이 있느냐' 물으시더군요. 고양이들이 있다고 했더니 그럼 안 된다는 것입니다. 고양이가 TV 위로 올라가는데, TV 스탠드가 낭창낭창한 터라 넘어져서 화면이 깨지는 경우가 있다고 하네요. 그렇다면 반려동물 있는 집은 사정이 비슷할 테니, 스탠드가 튼튼한 TV가 있으면 팔리지 않을까요? 적어도 저는 살 것입니다. 제게 TV보다 중요한 건 고양이니까요.

배려가 만들어질수록 로열티도 올라갑니다. 고양이를 키우는 인구가 전체 국민보다는 적겠지만, 고양이를 좋아하는 이들은 저처럼 애정이 클 터이니 가격이 조금 높더라도 구매할 것입니다. 배려의 총량이 보답으로 응당 돌아오는 보상체계가 만들어질 수 있다는 뜻이죠.

이 때문에라도 이제는 전체 규모나 경제성을 따지는 걸 넘어 세세한 취향과 애호까지 고려할 수 있어야 합니다. 중요한 건 삶이지 물건이 아닙니다. 우리 삶에 초점을 맞춰야지, 기술과 기능에 집중해서는 소비자의 달라진 눈높이를 맞추기 어렵습니다. 전체 삶의 변화를 꾸준히 바라보고, 각자의 삶이 보이는 '다름'을 배려할 수 있는 품을 가지면 좋겠습니다.

당연한 것이 당연하지 않게 되다

이런 데이터를 보고 있으면 궁금증이 듭니다. 우리 생각은 어디까지 변화할까요? 강아지 안전벨트 이야기가 나왔는데, 실로 자동차에도 그간 많은 변화가 있었습니다. 또한 뒤에 다시 말씀드리겠지만, 여기에도 모종의 데자뷰가 있습니다.

자동차 사진에 반려견이 등장한 것은 비교적 최근의 일입니다. 저희는 자동차가 나오는 씬scene을 예전부터 계속 채록해와서 변천사가 기록돼 있는데, 과거에는 차 앞에 고사상 놓인 사진이 있었습니다. 저 어렸을 때 포니 자동차의 가격은 서울 변두리 집값과 비슷했습니다. 차가 엄청난 재산이었죠. 가격도 비싸고 도로 상황이 열악하여 안전도 염려되니 무사고를 기원하며 제례를 지낸 것입니다. 일종의 샤머니즘 같은 거였죠. 그러다 나중에는 차 옆에서 간소하게 인증샷을 찍었습니다. 물론 자동차 엠블럼이 잘 보이게끔요. 고급스러운 자동차의 심볼이 중요한 지위재가 되었기에 자랑하는 것입니다. 그 무렵 승차감보다 하차감이 중요하다는 농담도 회자되었습니다. 지금은 그런 자랑보다 아이나 반려견이 타고 있는 일상적인 장면이 나타납니다. 이 변화를 OMW를 통해 16년간 지켜보았습니다.

그러다 이번 코로나19로 변화의 흐름이 증폭되었습니다. 일단 차에서 보내는 시간이 늘어났습니다. 사회적 거리두기가 장기화되어 여행도 가기 어렵고 지치니 나만의 공간이라도 갖고자 하는 욕구가 뚫고 나와 '장롱면허'가 깨어나고 있습니다.

차에서 하는 행위도 다양해집니다. 예전에는 차에서 음악을 듣는 정도였습니다. 1930년대 캘리포니아에서는 자동차에 라디오 설치하는 걸 법으로 금지했다고 합니다. 운전 중에 음악을 들으면 주의집중을 해친다고요. 그때에 비하면 지금은 굉장히 많은 일을 차에서 합니다. 커피 마시고, 유튜브 보고, 사진 찍어 인스타그램에 올리고, 음식을 준비해서 자동차 극장에 갑니다. 노래방 마이크로 노래도 부릅니다.

자동차 회사로서는 반가운 일이죠. 자동차가 단순한 이동수단이 아니라 생활의 공간으로 확장되었으니까요. 어느 공간이건 그곳에서 하는 행위가 증가하면 그에 따른 비즈니스를 추동합니다. 당장 고품질의 AV 시스템 수요가 올라갑니다. 자동차에서 음악도 듣고 영화도 보고 게임도 하니 음질이나 화질에 대한 요구가 커지는 거죠.

심지어 자동차에서 잠도 잡니다. 캠핑과 차박이 떴습니다. 놀랍게도 '차박'은 코로나 이전까지만 해도 데이터에 보이지 않던 단어였습니다. '캠핑'이 2010년부터 언급되기 시작한 것을 보면 비숫한 두 단어의 차이가 더욱 흥미롭습니다.

차박의 등장을 관찰하다 보니 '#레이차박'이라는 해시태그가 유독 많이 보이더군요. 레이는 경차라는 효율성과 귀여운 디자인이 주로 언급되는 소형 박스카입니다. 몇 년 전에 출시된 이 차가 최근 차박 열풍과 함께 다시 인기를 얻고 있습니다. #레이차박은 '예쁜 삶'을 표현하는 대표적인 해시태그 중 하나입니다. SNS에 올라오는 레이차박의 장면들은 다른 차박 장면에 비해 하나같이 엄청 예쁘거든요.

레이차박러뿐 아니라 많은 이들이 첫 차박을 SNS에 기록합니다. 주된 장면은 이렇습니다. 차는 공간에 충분한 여유가 있는 SUV입니다. 그리고 반드시 등장하는 반려동물! 반려견과 함께 내 인생을 관조하는 이 순간이 멋지다는 것을 한 장의 사진으로 표현합니다. 그래서 차박에는 파노라마 선루프가 너무 소중합니다. 칠흑 같은 대자연의 하늘에서 그간 도시의 불빛이 감추고 있던 수많은 별을 바라봐야 하니까요.

그중에서도 눈에 띄는 것은 사람들이 마치 서로 짠 듯이 트렁크 뷰를 담는다는 것입니다. 자동차에 관한 사진은 대부분 스티어링 휠을 찍은 핸들샷이거나 바깥에서 차의 외관을 찍는 구도였지, 후방으로 바깥 경치를 바라보는 구도는 처음 나온 것 같습니다. 유독 차박에서만 차 안에서 밖을 바라보는 뷰가 나오다니 신기합니다.

차박의 트렁크 뷰를 보고 있노라니 전통가옥 구조에서 배운 차경借景이 떠오릅니다. 정원 밖의 주변 경관을 내 울타리 안으로 끌어들여 내부와 외부가 합치된 경관을 만드는 것으로, 말 그대로 바깥 경치를 빌려오는 거죠. 정원을 만들고 담을 쌓아서 경치를 소유하는 대신 원거리의 경치를 크게 조망하는 편을 택합니다. 소박한 집에서도 음풍농월하며 행복할 수 있는 지혜입니다.

그러나 집이 소박하다 해서 아무나 차경을 누릴 수 있는 건 아닙니다. 자연인으로 살지 않는 한, 빌려올 경치가 있는 입지에 들어가려면 힘이 필요합니다. 오늘날 한강변 아파트가 비싼 이유이기도 하고요. 한강 뷰를 보려면 수십억을 내야 하는 일도 벌어집니다.

공간을 말하면서 우리는 항상 '고시원처럼 창이 없는 공간', 영화 〈기생충〉처럼 '반지하에서 바라보는 시선' 등 조망에 대한 언급을 빼놓지 않습니다. '뷰'가 우리에게 소중했던 것은 어제오늘 일이 아니지만, 최근 들어 한국사회에서 '전망 좋은 곳'을 탐하는 마음이 올라가는 게 데이터로도 보입니다. 이것을 적나라하게 보여주는 것이 인스타그램에 올라오는 '한강변 아파트 뷰'이고, 카페 사진에 으레 등장하는 '통창'입니다.

도시에서 조망을 얻기란 너무 힘든 일입니다. 웬만해서는 한강

뷰는 노릴 수 없죠. 그러나 차를 가져가면 가능합니다. 차박은 매우 저렴하게 차경을 할 수 있는 기회입니다. 말하자면 트렁크 뷰는 차경을 실현한 액자인 셈입니다. 액자 안에 피사체로 잡힌 아이들의 뒷모습이나 반려견의 표정에서 느긋함과 행복이 느껴진다면, 그것으로 게임은 끝난 것입니다. 이 프레임이 예쁘게 만들어지는 데 여러분의 업이 기여할 수 있다면 새로운 기회를 맞을 수도 있겠죠. '#감성차박'에는 조명과 피크닉 테이블이 필수이고, 이걸 잘 만드는 스타벅스가 굿즈로 대박이 나는 것처럼요.

이 이야기에는 미래의 삶을 보여주는 힌트가 있습니다. 자동차의 이동성이 많은 것을 바꿀 것입니다. 전망 좋은 집을 마련하기 어렵다면 차를 가지고 움직이면 됩니다. 이는 단편적인 예시이지만, 실제로 차의 이동성은 정박되어 있던 삶을 상당 부분 유동화할 것입니다.

예전에는 집에서는 쉬고, 직장에서는 일을 하고, 이동하는 과정은 고단하지만 어쩔 수 없는 것이라 생각했습니다. 기능을 나눈 거죠. 지금은 그렇지 않을 수도 있습니다. 직장에서도 사람들과 어울릴 수 있고, 집에서도 일할 수 있습니다. 이제는 자동차에서도 음악을 듣거나 책을 읽는 걸 넘어 다양한 형태의 일상을 살 수 있는 정도까지 우리의 삶이 진화하고 있습니다.

이런 이야기가 아예 새로운 것은 아니죠. 디지털 노마드라는 표현은 이미 존재했고, 제가 본 데이터에도 2015년부터 삶의 유동성이 관찰되기 시작했습니다. 다만 그때에는 항구적인 삶의 터전을 이동시키기가 어려웠습니다. 물리적 공간인 '일터'가 고정돼 있었기 때문입니다. 그러다 재택근무를 하고 메타버스까지 등장하면서 일하는 장소가 굳이 어느 한 곳이어야 하느냐는 질문이 나오고 있습니다. 여기에 기술발달도 돕습니다. 차박의 주요 이슈 중 하나가 냉난방, 수도나 전기입니다. 예전에는 자동차에 이를 구현하려면 엄청난 설비가 추가적으로 필요했지만 이제는 전기자동차EV가 나오면서 간단히 해결되고 있습니다.

즉 인프라와 기술발전 덕분에 사람들의 선택지가 넓어진 것입니다.

이런 변화는 어떤 결과를 낳을까요? 이제는 자동차가 하나의 커다란 전기 시스템을 갖춘 '공간'이 될 겁니다. 공간은 '경험'을 담는 장이죠. 즉 차에서 많은 경험이 가능해질 것입니다. 예컨대 집이 사무실이 되듯이, 이제는 이동하는 자동차도 사무실이 되지 않을까요?

2013년에 휴대폰의 의미를 부여하는 프로젝트를 수행하면서 공간을 정의해본 적이 있습니다. 집이 1공간, 직장이나 학교처럼 일상적으로 가는 곳은 2공간, 공연장이나 여행지처럼 여가나 리추얼의 영역이 3공간이라면, 이들을 연결해주는 모빌리티는 1.5 또는 2.5공간으로 본 거죠. 이때의 모빌리티 공간은 딱히 경험할 것도 없고 기능성도 충분치 않으니 최대한 빨리 이동시켜주는 게 주요 목적이었습니다. 그런데 이제 그 공간에서 뭐든 할 수 있다면 빠른 이동뿐 아니라 머무르는 공간으로서의 기능을 부여할 수도 있지 않을까요?

이미 2016년에 닛산이 자동차로 오피스를 만드는 개념을 실험했는데, 이런 시도가 점차 확장될 전망입니다. 예전에는 사무실에 가기 위해 자동차를 썼다면, 이제는 자동차가 사무실이 되는 거죠. 2공간이 되는 것입니다. 잠을 잘 수도 있습니다. 그러면 1공간이 되겠군요. 나아가 특별한 곳에 가서 차박을 한다면 3공간이 됩니다. 이러한 모빌리티 라이프를 돕는 각종 서비스가 생겨나 자동차에 오래 머물도록 도와줄 수도 있습니다.

우리가 차를 중심으로 경험을 이어간다면 어떤 삶을 맞을까요? 'Go, West!'를 외치던 미국 서부시대의 삶일 수도 있고, 메이플라워호를 타고 가는 삶일 수도 있으며, 마젤란의 삶의 방식일 수도 있겠죠. 이런 식의 노마드 라이프가 구현된다면 우리 삶이 얼마나 다채로워질지 생각해볼 법합니다. 그리고 그런 변화가 우리 삶의 어떤 부분을 도와주거나 결핍되게 할지 바라봐야겠죠.

당연함을 의심하라.

예컨대 노마드 라이프에서 공교육은 어떻게 가능할까요? 온라인 교육일 수도 있고 지역마다 준비한 일정한 스테이션에서 이루어질 수도 있습니다. 혹은 홈스쿨링이 주가 될 수도 있겠죠. 아이를 낳지 않을 수도 있겠네요.

이런 다변화된 삶을 우리 업이 어떻게 도울 수 있을지 고민해 볼 일입니다. 트럭 운전사를 위한 휴게소처럼 중간중간에 샤워 등이 가능한 쉼터를 지을 수도 있을 것입니다. 내 삶의 거주를 어떻게 할지도 재정의해야겠죠. 기존에는 내 주소가 붙박이로 있었는데, 노마드 라이프에서는 '지금은 ○○' 식으로 말할 수밖에 없을 겁니다. 그에 따른 나의 귀속감, 정체성, 사회적 인프라도 지금과는 많이 달라질 것 같습니다.

아직은 생소하다고요? 그러나 이 변화는 이미 시작되고 있습니다. 데이터를 보노라면 변화는 우리 생각보다 빠르고, 변화가 시작된 시점 또한 알고 보면 꽤 오래전이었음을 새삼 느낍니다.

파김치, 알고 보면 오래된 문제들

동료들과 함께 배우고 궁리한 것들을 강연으로 전달하기 시작한 지 10년이 훌쩍 지났습니다. 그런데 2020년 벽두부터 치고 들어온 코로나19로 제 강연에도 변화가 불가피했습니다. 줌zoom으로 대표되는, 많은 직장인과 학생들을 혼란스럽게 했던 비대면 온라인 소통이 그것입니다. 저는 강연할 때 청자의 피드백을 보며 많이 배웁니다. 눈빛, 끄덕임, 공감, 웃음 등을 보며 제 언어와 아이디어 중 어느 부분을 조탁하고 강조할지 힌트를 얻거든요. 그런데 온라인 강연에서는 그런 반응을 기대하기 어려워서 초반에는 몹시 혼란스러웠습니다. 다른 강연자들에게 물어보니 다들 사정은 비슷하더군요.

그런데 인간은 적응의 동물이라 하죠. 어느덧 온라인 강연은 당연한 것이 되고 60여 개국에 계신 분들에게 동시에 송출하는 온라인 강연을 한 적도 있었습니다. 불과 1년도 안 되는 시간 동안 이루어진 일입니다.

이렇게 새삼 느끼는 게 있습니다. 변화가 정말 빠르다는 것, 그리고 우리가 적응을 정말 잘한다는 것이죠.

이번에 나눌 이야기는 바로 이것입니다. 앞서의 변화가 우리 일상에서 부지불식간에 진행되었다면, 이번에는 코로나 팬데믹이라는 충격적인 변화에 인간이 생존을 위해 어떻게 노력했는지 살펴보겠습니다. 말하자면 고난에 맞선 인간의 분투기입니다.

팬데믹이라는 사건은 현생인류가 살면서 겪어보지 못했던 지구적 충격이라 매일같이 놀라는 일투성이였습니다. 쉬지 않고 '최대'라는 소식이 들리는데, 말로만 심각하다는 게 아니라 실제로 얼마나 심각한지를 수치화해서 통계로 보여줍니다. 확진자 추이라든지 사망자 숫자가 우리나라는 물론 전 지구적 통계로 매일 나옵니다. 일례로 코로나19로 사망한 미국인이 2021년 9월에 66만 명을 넘어서 1775년 이래 미국이 참전한 모든 전투에서 사망한 미군 전사자(65만 명대)보다 많다고 합니다. 바이러스와 일대 전쟁을 벌이는 중이라는 표현이 마냥 비유만은 아닌 것 같습니다. 1918년에 창궐한 스페인 독감을 지금도 우리가 떠올리는 것을 보면, 코로나19의 상흔이 100년 후에도 남을 것 같다는 생각이 듭니다.

저와 함께 연구하는 동료들은 데이터 분석을 하면서 통상 1만 2000~1만 8000개, 때로는 그 이상의 분류된 정보를 봅니다. 그중에서 말의 의미가 크게 달라진 키워드들은 따로 추려서 어떤 변화가 있었는지 관측하는데, 2020년 1~6월 동안 2150건이 그런 변화를 보였습니다. 이 변화는 평상시보다 3배 정도 많은 양입니다. 숨 쉬듯 사용하는 말의 맥락을 단기간에 이렇게나 바꿔놓다니, 이것만 봐도 바이러스가 우리 사회를 정말 많이 흔들고 있다는 걸 느끼게 됩니다.

그중에서도 1~2월, 3~4월, 5~6월의 세 기간을 비교했을 때 의미의 변화가 유독 컸던 단어들이 있었습니다. '파김치'와 '고3'

그리고 '혼자'입니다. 이들 키워드가 왜 갑자기 떴는지, 어떤 맥락에서 사용됐는지 관찰하면 바이러스와 함께한 우리의 삶이 어떠한지를 유추해볼 수 있습니다.

먼저 '파김치'를 볼까요? 난데없이 '파김치' 언급량이 2020년 3월 이후 급증했습니다. 급작스런 변화가 생기면 자연스럽게 이유가 궁금해집니다. 왜 움직였을까요?

처음 생각해본 가설은 '사스를 물리친 김치'라는, 일종의 가십 같은 이야기였습니다. 2002년 중국이 사스로 엄청나게 고생했습니다. 물론 한국도 사스 감염자가 있었지만, 다행히 사망자는 거의 없었습니다. 그때 중국사람들이 한국인의 비결(?)을 궁금해하다 생각해낸 가설이 김치였습니다. 한국 하면 생각나는 게 김치이고, 김치의 향신료에 항바이러스 효과가 있는 것 아닐까 추론한 거죠. 이게 맞는지 아닌지는 밝혀지지 않았지만 그때 중국인들 사이에 김치 열풍이 불었고, 이번 코로나19도 바이러스에 의한 질병이므로 이 가설이 다시 살아난 것 아닌가 추측했습니다.

하지만 아니었습니다. 자세히 데이터를 들여다보니, 1~2월의 파김치는 '맛집' '먹기' 등의 단어와 함께 쓰였는데, 3~4월에는 '엄마' '매일' '아이' 등과 쓰였습니다. 5~6월에는 '시간' '처음' '외출' 등의 단어가 함께 나오고요. 단어가 쓰이는 상황과 맥락과 함의가 바뀐 것입니다.

1~2월의 파김치는 음식이었지만 3월 이후의 파김치는 엄마였던 겁니다. 엄마가 아이를 오랫동안 돌보느라 지친 거죠. 정확히 말하면 엄마뿐 아니라 모든 주 양육자가 포함됩니다. 어떤 집은 아빠가 양육자일 수도, 어떤 집은 할머니나 할아버지일 수도 있고 고모나 삼촌, 이모일 수도 있겠죠. 물론 여전히 대부분의 가정에서 주 양육자는 엄마지만요. 1~2월에 방학이었는데 3~4월에도 등교를 못하니 과중한 육아와 돌봄에 지쳐 파김치가 되었다가, 5~6월이 되어 제한적으로 학교에 가게 되면서 '이제 좀 나아졌다'고 표현한 부분입니다. 주 양육자가 코로나 시국에 아이를 돌보느라 힘들었다는 것을 데이터로 확인한 것입니다. 정확히는 '파김치'라는 단어에 대한 우리의 함의가 바뀐 것을 확인한 것이죠.

바이러스는 우리에게 많은 것을 새삼 깨닫게 했습니다. 보육이 힘들다는 건 누구나 알고 있었지만 이번에 제대로 실감했습니다. 학교라는 공간이 단순히 교육만 담당하는 게 아니라 보육의 역할도 컸다는 사실도 알게 되었죠. 이 부분에 새삼 고마움을 느끼고, 동시에 더 단단한 보육 시스템이 필요하다는 공감대가 형성되었습니다. 코로나 바이러스는 파김치의 함의를 바꿈으로써 양육자와 보육이라는, 평소 당연히 여겼던 일이 큰 수고로 이루어지고 있었음을 재발견하도록 해주었습니다.

이번에는 '고3'을 보겠습니다. 여기에는 고민과 불안이 담겨 있습니다.

느닷없는 온라인 수업이 불안하기는 모든 학생이 다르지 않을 테죠. 일례로 '초1'이 그렇습니다. 공교육의 명실상부한 첫 단계는 초등학교 1학년입니다. 그전까지는 사교육 서비스의 소비자이므로 교육 시스템을 선택할 수도 있지만, 초등학교 때부터는 정해진 시기에 나름의 공교육 시스템을 따라야 합니다. 강제성이 훨씬 커지죠. 그래서 선생님 말씀 듣고 질서를 지켜야 하는 등 교실의 룰이나 암묵적인 위계를 따라가기 마련입니다. 그런데 팬데믹 이후 초등 1학년은 교실이 아닌 집에, 선생님은 모니터 안에 존재했습니다. 정해진 공간에서 지켜야 할 역할이나 주의집중 의무 같은 것들이 예전처럼 작동되기 쉽지 않았죠. 더욱이 이들은 학교를 처음 경험하는데 출발이 이렇다 보니 아이는 물론 선생님도, 부모도 낯설고 혼란스러웠습니다.

물론 위기가 기회라고, 2020년의 초1은 새로운 교육 시스템의 적응자 내지는 변화를 만들어내는 시발점이 될 수도 있습니다. 이해 비해 '고3'의 온라인 교육은 새로운 가능성보다는 격차에 대한 불안을 키웁니다. 코로나19가 우리 사회에 미친 영향이 한두 가지가 아니겠지만, 장기적으로 가장 우려되는 것 중 하나가 학습 격차입니다. 공교육이 충분한 준비 없이 급작스레 온라인 교육으로 전환하면서 피할 수 없는 부작용이 있었습니다. 교실 수업 때보다 교육의 밀도가 낮아지거나 집중이 어려워질 수도 있죠. 그에 따른 학습 부진이 생길까 봐 고민하는 것입니다. 소셜 빅데이터 곳곳에 '엄마표로 아이 공부를 케어하고 있는데 쉽지 않다'는 불안이 보이고, '사교육 하는 아이들을 이길 수 있을까?' 하는 고3의 두려움도 표출됩니다.

특히 고3의 불안이 크게 불거진 이유는, 단지 고3이 중요하고 어려운 시기이기 때문만은 아닙니다. 고3의 입시 경쟁상대는 같은 처지의 고3들뿐 아니라 N수생도 있습니다. 이미 정규 교육과정을 순조롭게 받았던 N수생과 5월에야 처음 등교할 수 있었던 고3이 같은 선상에서 경쟁하는 게 쉽지는 않겠죠.

격차는 우리 생각보다 더 심각한 문제일 수도 있습니다. 고3의 불안이 딱 그렇습니다. 집안에 고3 학생이 있다면 이미 했을 고민이지만, 그렇지 않은 분들에게는 아무래도 좀 낯선 얘기일 겁니다. 어떤 위기가 발생했을 때 모두가 균등하게 불이익을 당하는 게 아니라, 전환기에 있는 이들에게 특히 치명적일 수 있다는 것입니다. 이번에도 그렇습니다. 우리가 다 같이 위기를 겪고 있지만 특별히 중요한 인생의 전환기에 서 있는 분들의 이야기에 좀 더 귀 기울이고, 함께 대안을 고민해야 한다는 것도 중요한 교훈이라 생각합니다.

원활한 학교 수업이 어려워 뒤처지면 어떡하나 하는 고민은 단지 입시 때문만은 아닙니다. 고3의 고민은 입시뿐 아니라 인생의 커리어까지 연결됩니다. 어렵게 대학을 가도 취업이 쉽지 않은 세상이니까요. 지금 뒤처져서 목표하던 대로 진학을 못하면 훗날 취업에 어떤 불이익이 있을지, 그게 자신의 인생에 어떤 영향을 미칠지 불안한 상상이 끝도 없이 이어집니다.

최근 들어 기업 공채가 많이 줄었습니다. 대규모로 사람을 모아 채용하는 과정에 감염 우려가 있기도 하지만, 그게 아니어도 이미 몇 년째 공채는 줄고 있었습니다.

예전 대기업은 신입직원을 공채로 많이 뽑았습니다. 같은 기준으로 뽑았기 때문에 회사 입장에서는 입사자들이 다들 비슷비슷해 보이죠. 그래서 희망부서를 고려하기는 하지만 무작위로 부서를 배치하기도 하고, 그 후 몇 년 주기로 순환보직을 시켰습니다. 입사동기들에게 공평함을 적용하는 것입니다. 이러한 시스템에서는 내가 누군가에 의해 대체될 가능성이 농후했습니다.

그런데 지금은 신입사원도 직무로 뽑기 시작했습니다. 그러면 신입이라도 그 업무가 요구하는 상세 기술을 수행할 수 있어야 입사가 가능하겠죠. 이렇게 되면 회사가 교육을 시키긴 하겠지만, 그 전에 도제나 인턴십 등을 통해 특정 교육을 이수한 사람들을 뽑는 것으로 채용이 변화하게 될 것입니다. 아무 경험이 없는 신입은 입사 자체가 힘들어질 테고요. 뒤에서 자세히 살펴보겠지만 업무 자동화가 공장을 넘어 사무직까지 광범위하게 들어오면서 이런 변화는 점점 빨라질 것입니다.

공채를 포함한 채용 자체가 줄다 보니 이직이나 퇴사에 대한 언급도 줄었습니다. 퇴사와 이직은 3월에 가장 많이 이루어집니다. 1년간의 성과가 집계되어 보상이 이루어지고, 그에 따라 개인의 커리어를 돌아보고 새로운 도전을 결심하는 시기가 대체로 3월입니다. 아시는 것처럼 승진과 인사이동이 연초에 있다는 점도 중요한 요인이고요.

그런데 말씀드렸다시피 최근 기업이 사람을 뽑지 않습니다. 4차 산업혁명, 자동화 같은 이유에 팬데믹에 따른 불확실성이 가세했거든요. 그래서 많은 기업과 조직이 미래를 조심스레 계획하고 보수적으로 움직이고 있습니다. 그럴수록 새로운 인력을 들이기가 어려워지죠. 그런 이유로 이직이 상당히 억제되었습니다.

세 번째로 살펴볼 이야기는 새로운 삶의 방식에 관한 것입니다.

직장인 관련 키워드로 '혼자'가 급격히 떠올랐습니다. 어떤 상황인지 연상되시죠. 재택근무로 출퇴근 없이 집에 혼자 있는 시간이 갑자기 늘어났습니다. 그래서인지 '오늘' '시간'이라는 키워드도 상종가입니다. 이런 단어가 쓰이는 상황을 대략 요약하면

'시간이 많은데 나 혼자서도 뭔가 해야 하는 것 아냐?'입니다.

한국인의 사회생활은 매우 바쁩니다. 직장에 가고 사람들과 어울리는 것으로 하루가 짧은 데다, 중간중간 수행하는 루틴 같은 일이 워낙 많아서 하루 일과를 고민할 필요가 별로 없습니다. 그런데 코로나19 때문에 사회적 거리두기, 재택근무 등으로 혼자 오롯이 보내는 시간이 갑자기 늘어났습니다.

처음에는 이참에 좀 쉴까 싶었죠. 한편으로는 심심하기도 하니, 평소에는 바빠서 엄두도 못 내던 것들을 시도해봅니다. 그래서 달고나 커피를 만들었습니다. 스틱 커피 몇 봉 뜯어서 몇 백 번 저으면 맛있는 커피가 된다고 하죠. 여러분도 해보셨나요? 재미있는 것은 '달고나'의 언급량이 수직상승한 시점이 2020년 3월 1일이라는 점입니다. 서울시가 사회적 거리두기를 권고한 이후 첫 주말입니다. 나가지 말라고 했더니 '심심한데 해보지 뭐, 어차피 시간도 많은데' 한 거죠. 나아가 이 놀이는 정확히 2주 후에 세계적으로 떴습니다. 이름도 'Dalgona'로 똑같습니다. 심심함은 만국 공통, 전 세계가 한국에서 시작된 콘텐츠 밈meme을 수용한 거죠.

하지만 달고나 열풍은 오래가지 않았습니다. 몇 백 번을 젓는 행위는 지나치게 노동집약적인 데다 비생산적이어서 투자 대비 효과가 높지 않습니다. 아무리 쉬는 것도 좋고 시간을 흥청망청 쓰는 것도 색다른 경험이라지만 이렇게 계속 지내기에는 뭔가 불안한 겁니다. '뭐라도 해야 하는 것 아닌가?' 하는 한국 직장인의 생산성 강박이 고개를 듭니다.

2020년 3~4월만 해도 '비생산적'이라는 키워드의 연관어는 '사다' '스트레스' 등이었는데, 5월 이후에는 '혼자' '집착' '시간' '책' '영화' 같은 단어와 함께 쓰이기 시작했습니다. 비생산적으로 시간을 보내는 데 질려서 홈 트레이닝을 하고, 책을 읽거나 영화를 보거나 뭔가를 배우는 행위가 계속해서 늘었습니다. 어느덧 이런 행위는 시간을 보내는 차원을 넘어 새로운 과제task가 되기에 이르렀습니다. 말 그대로 자기계발이죠.

배울 게 많아지니 계획을 세우게 됩니다. 초등학교 시절 촘촘히 하루를 채웠던 여름방학 생활계획표 같은 게 만들어지죠. 하지만 이게 잘 지켜지나요? 사흘 가기 어렵습니다. 빼곡한 계획표가 의지를 드러내기는 좋지만, 스스로 독려하기에는 동기부여가 약합니다.

그래서 어떻게 합니까? 자신과의 약속을 사방에 알립니다. 예컨대 나는 오늘부터 아침에 일찍 일어나서 책도 읽고 운동도 하고 명상도 하고 열심히 살겠다고 선언하는 것입니다. 미라클 모닝 챌린지가 대표적이죠. 새벽에 일어나서 책 사진을 시각이 표시되는 앱으로 찍어서 인스타그램에 올립니다. 어느 순간엔가 나의 팔로워들이 '이분 열심히 사는구나' 하고 알게 되겠죠. 대단하다고 응원도 해주고요. 그러면 중간에 해이해지더라도 멈출 수가 없어요. 내 친구들에게 이미 선언했고 매일 인증하고 있기 때문이죠. '#기록스타그램'이라는 해시태그로 인증하는 행위가 꾸준함을 지켜주는 가장 강력한 동기부여가 됩니다.

이처럼 뭔가 새로운 것을 꾸준히 해나가고, 그 경험을 서로 교환하는 문화가 만들어지고 있습니다. 새로운 시간을 보내는 새로운 방법이 생겨나고 있습니다. 생산성에 대한 강박은 버리지 못한 채로 말입니다.

이렇게 팬데믹을 겪는 우리의 분투를 돌아보았습니다.

엄마는 파김치.

고3은 초불안.

김 대리는 생산성 집착.

코로나가 일으킨 변화를 돌아봄으로써 알게 된 건, 역설적이게도 이들 문제가 처음 튀어나온 게 아니라는 사실이었습니다. 코로나19 때문에 생긴 변화가 아니라는 거예요.

엄마가 힘든 이유는 보육과 가사, 나아가 커리어 희생을 강요하는 한국사회의 여러 난맥상 때문입니다. 고3은 지금의 작은 뒤처짐 때문에 평생의 무한경쟁에서 탈락하게 될까 봐 두려워하고 있습니다. 김 대리는 저성장과 고용불안이라는 악재 속에 자신의 삶을 보장받고자 노력하는 것이고요.

가사노동, 무한경쟁, 저성장과 고용불안, 이 모두 우리 사회의 오래된 문제들입니다. 마치 장마에 땅 속에 묻혀 있던 쓰레기가 쓸려나오듯 이번 위기에 선명하게 노출됐을 뿐, 존재하지 않던 문제가 아니라는 거죠.

그렇다면 이참에 이 오래된 문제를 근원적으로 손볼 수도 있지 않을까 하는 생각이 듭니다. 많은 교사들이 앞으로 온라인 교육을 적극적으로 활용하겠다고 합니다. 나아가 이번 기회에 학교에 가지 않는 다른 형태의 교육에 대해서도 생각해볼 수 있겠죠. 온라인으로 교육의 질을 높이는 방안을 강구하게 될 것입니다.

그렇게 되면 가정과 학교가 나눠 지고 있던 보육의 역할은 어떻게 해야 할까요? 이미 높은 가정의 보육 역할을 더 늘리기보다는 새로운 형태의 사회적 지원이 바람직하겠죠. 개인의 책임감이나 끈끈함에 기대는 것은 올바른 방향이 아닌 것 같아요.

'K-도터'라는 말 들어보셨나요? 한국의 딸들이 맛있는 걸 먹거나 좋은 걸 보면서 미안해하는 글이 올라옵니다. 엄마는 이 좋은 걸 누리지 못했으니까요. 엄마에 대한 원죄의식과 함께 엄마가 가부장제의 희생양임을 새삼 느끼는 것입니다. 슬픈 현상입니다. 딸이 어엿한 어른으로 자라는 데 엄마의 희생이 기본 가정으로 깔려 있다니요. 그 때문에 누려 마땅한 즐거움조차 억누르게 되는 것 아닙니까. 보육에 대한 사회적 지원이 미비한 탓에 개인들에게 일종의 연좌제 같은 고통을 주고 있는 것입니다.

딸만 그런 게 아닙니다. 경연에 나온 남자 고등 래퍼는 열심히 랩을 하는 이유가 효도하기 위해서라고 말합니다. 래퍼 하면 떠올리기 쉬운 거칠고 반항적인 이미지와는 전혀 다르죠. 열심히 일한 부모님의 노후는 사회가 보장해야 하는데, 이 모든 부담이 자식들 개개인에게 돌아갑니다. 우리 사회는 어릴 때부터 개인에게 얼마나 과중한 의무를 지우고 있는 걸까요.

이 또한 우리 사회의 오래된 관습입니다. 세계적으로 가족주의가 강한 나라가 한국, 일본, 홍콩, 싱가포르, 타이완인데, 그중 한국이 가장 심하다고 합니다. 예전에는 모두 가구 단위로 환산했어요. 가구가 깨지면 사회구성이 깨지는 정도까지 생각된 것이죠. 단적인 예로 저출산이 심각하다며 출산을 장려하지만, 결혼하지 않고 아이 낳는 데 대한 터부는 여전합니다. 단지 터부에 그치는 게 아니라 사회제도도 가구를 중심으로 짜인 경우가 많아서 실질적인 지원도 원활하지 않고요. 그러다 보니 사회적 지원이 미치지 못하는 사각지대가 생깁니다.

비단 보육만의 문제가 아닙니다. 사회적 문제가 되고 있는 노인 빈곤도 그렇죠. 노인복지법이 1981년에 제정됐는데, 뿌리는 1960년대의 노인복지정책에 있습니다. 이때 '부양의무자가 없는 경우'를 전제했어요. 부양의무자가 있으면 1차 지원 대상에서 제외되는 것입니다. 혼자 사시는 노인이 생계가 어려워도 '자녀분이 먼저 돌보시고, 자녀분이 힘들면 오세요'라는 식으로 책임을 미룬 거예요. 세금은 각자 내는데, 보호는 가족 단위로 받으라는 거죠. 우리가 어려울 때 보호하는 주체가 국가여야 하는데, 가족에게만 부담을 지우는 건 어폐가 있지 않나요? 이제 그 시스템을 바꾸려는 시도와 공감이 커지고 있지만, 지나간 시간 동안 우리의 마음속에 쌓인 당위와 의무의 짐이 얼마나 크며 그 연유가 무엇인지 다시 한 번 깊게 생각해보아야 합니다.

끈끈함이 단순히 화합을 넘어 의무처럼 강요되었던 기존 시스템이 코로나를 계기로 흔들리고 있습니다. 회사도 마찬가지죠. 젊은 직원들이 가장 질색하는 게 '가족 같은 회사'입니다. 내 가족은 집에 있다고요. 이번 기회에 당연시되던 이런 관행을 한번 바꿔보면 어떨까요.

이미 본 미래

사회적 거리두기로 바깥 활동이 어려워지니 자기계발 외에도 많은 것들이 집으로 들어왔습니다. 일례로 홈 카페가 떴습니다.

코로나19가 일으킨 삶의 변화를 돌아봄으로써 알게 된 건,

코로나19 때문에 생긴 변화가 아니라는 것입니다.

우리 사회의 오래된 문제들이

이번에 격정적으로 노출됐을 뿐이었습니다.

커피는 매일 마셔야겠는데 카페 가기는 조심스러우니, 이참에 집에 커피머신 같은 것들을 본격적으로 구비하고 카라멜라떼 같은 고퀄리티의 음료를 만들어 마시는 문화가 뜨고 있는 것입니다.

이 또한 새삼스러운 모습은 아닙니다. 벌써 몇 년째 홈 카페 차리는 분들이 늘었거든요. 이런 모습을 보고 있노라면 우리 삶의 질이 올라가고 있다는 걸 새삼 느낍니다. 그뿐 아니라 우리 삶에서 취향과 애호라는 것이 무척 소중해지고 있다는 것도 실감하게 됩니다.

우리나라에서 '아메리카노'라는 단어가 보편적으로 쓰인 게 언제인지 아십니까? 2013년입니다. 생각보다 오래되지 않았죠. 설탕과 크림을 넣지 않은 쓴 커피로 2008년 즈음 처음 언급되기 시작한 이래 아메리카노는 주로 젊은 여성들이 즐기는 음료에서 중년 남성들도 습관처럼 마시는 '식후땡' 음료가 되었고, 이제는 더 나이드신 어르신들도 아메리카노를 마십니다. 2021년 현재 한국에 카페가 9만 개 있다고 합니다. 커피 시장 부동의 1등 스타벅스가 한국에 1500개가 넘는 매장을 운영하며 2조 이상의 연매출을 올리고 있는데, 전체 카페 숫자를 본다면 아직 뻗어나갈 여지는 충분해 보입니다.

이는 단순히 커피의 흥망성쇠가 아니라, 우리 사회의 문화에 대한 수용성으로 해석해볼 가치가 있습니다. 전작 《상상하지 말라》에서 커피의 시간대별 맥락에 대해 말씀드린 적 있습니다. 아침 9시의 커피는 잠을 깨우는 각성의 커피, 오후 1시의 커피는 사회 일원으로 잘 버티고 있음을 확인하는 위안의 커피, 오후 4시의 커피는 회사생활의 고단함을 달래는 해우소의 커피였습니다. 이런 맥락이라면 맛이나 퀄리티가 절대적인 선택 기준이 아닐 수 있었습니다.

그러나 지금은 산미를 섬세하게 따져서 마시는 이들이 늘고 있습니다. 평소에는 믹스커피만 찾는 사람들도 이웃을 초대해서 마실 때에는 로열 코펜하겐 같은 고급 찻잔을 동원합니다. 집안일을 마치고 베란다에서 창밖을 보며 관조의 커피를 즐길 때에도 맛과 분위기가 중요합니다. 커피 한잔에서도 자신의 삶을 더 잘 챙기고 싶은 욕구가 읽힙니다.

전체적인 소득 수준이 높아졌고, 삶에 대한 기준이 올라갔고, 기술이 발달했고, 이 모든 것이 풍요한 삶을 가능케 할수록 우리는 더 나은 삶을 희망하고 욕망합니다. 그런 이유로 예전 같았으면 '굳이 거기까지 할 필요가?' 했던 것들이 이제는 당연해지고 있습니다. 예전에는 디테일에 대한 요구가 적었지만 지금은 당연해집니다. 그 당연한 섬세함이 풍요로운 삶을 만드는 전제조건이 되기 때문입니다.

이런 마당에 카페에 못 가게 되었다고 해서 집에서 아무 커피나 마실까요? 아니죠. 커피 마시는 시간을 좋아하게 된 이들은 집에 있을 때에도 카페에서의 경험을 포기하지 못합니다. 그에 따라 나의 취향을 만족시킬 만큼 훌륭한 전자동 에스프레소 머신 같은 설비가 집으로 들어오기 시작합니다. 커피머신에 굉장한 투자를 한 상태이니 머신에 들어갈 원두에 대한 취향도 올라갑니다. 갓 볶은 신선한 원두를 원하는 사람들이 늘어남에 따라, 이제는 정기적으로 원두를 배송하는 서비스도 나오고 있습니다.

이처럼 외부에서 수행하던 많은 기능이 집으로 들어오면서 취향과 전문성도 집으로 들어오고 있습니다. 홈 트레이닝도 오롯이 혼자 하는 게 아니라 네트워크로 연결된 외부 강사의 지도를 받아가며 본격적으로 합니다. 펠로톤이 그렇고, 룰루레몬도 원격으로 운동 코칭을 하는 미러Mirror를 인수하며 이 시장에 뛰어들었습니다. 집에 디바이스가 들어오고, 외부와 연결하는 네트워크가 설치됩니다. 이런 변화가 산업에는 모두 기회가 됩니다. 물론 일부 기존 산업에는 위기가 되겠죠.

여기까지 보고 나니, 문득 느껴진 것이 있었습니다.

'이 내용을 지금 처음 본 게 아닌 것 같다.'

흔히 데자뷰Déjà Vu라고 하죠. 지금 일어나는 일을 전에도 경험한 것 같은 기시감이 든 것입니다. 데자뷰는 원래 의학용어로 글자 그대로 하면 '이미 본already seen'이라 할 수 있는데, 사실은 본 적 없지만 본 것 같다고 착각하는 현상을 말합니다. 그런데 제가 느낀 기시감은 착시가 아니었습니다. 처음 관찰된 현상이 아니었 거든요.

실제로 지난 16년간의 데이터를 다시 살펴보니 주목해야 할 변 화상으로 꾸준히 다루었던 3가지 중요한 화두가 보였습니다. 과 거에도 있었고 지금은 코로나로 속도가 더 빨라졌고, 앞으로 더 강화될 변화입니다. 말하자면 '변화의 상수'입니다. 지금부터 이 3가지를 살펴보겠습니다.

변화의 상수 1 : 분화하는 사회

첫 번째 키워드는 앞에서도 말씀드린 '혼자'입니다.

흔히 한국사람들은 밥심으로 산다고 하죠. 우리나라 사람들 은 만났을 때 밥 먹었냐고 인사처럼 묻습니다. 그만큼 밥이 중요 한 문화예요. 과거 문헌을 봤더니 과연 한국사람들이 끼니에 먹 는 밥의 양이 엄청나더군요. 예전에는 고기를 먹기가 어려워 단백 질을 통곡물에서 섭취했기에 밥을 많이 먹어야 했습니다. 구한말 선교사들의 자료에 따르면 조선사람들은 한 끼에 현대인의 5그릇 정도에 해당하는 밥을 먹었다고 합니다.

이제는 다양한 음식에서 영양소를 섭취하므로 밥을 많이 먹을 필요가 없습니다. 무엇보다 대사량이 줄기도 했고요. 근육을 쓰는 노동이 줄어서 열량이 많이 필요하지 않습니다. 그러다 보니 밥공기가 계속 작아지고 있습니다.

이 흥미로운 정보를 보면서 우리 삶이 바뀌고 있다는 걸 이해할 수 있습니다. 이는 100여 년에 걸쳐 일어난 변화입니다. 그런데 최근 몇 년 사이에 바뀐 것도 적지 않습니다.

2010년에 나온 한 월간지 기사에 이런 내용이 있습니다. "혼자 먹고 혼자 놀고 혼자 술 마시고 혼자 여행 가고." 이런 사람들이 앞으로 늘어날 것 같다면서, 신촌의 어느 식당 사진을 보여주었습니다. 독서실처럼 칸막이가 있는 식당에서 혼자 밥 먹는 사람들의 모습과 함께 이것이 참 신기하다고 한 것이죠.

그때만 하더라도 식당의 기본 식단 구성은 4인상이었습니다. 한국의 식사가 반찬을 나누는 구조로 돼 있어서 식당은 4명이 와야 이문이 많이 남으니 식당 종업원이 '몇 분이세요?'라고 물으면 혼자 왔다고 말하기가 괜히 미안했습니다. 지금은 어떤가요? 혼자 밥 먹는 게 일상화돼 이제는 혼자 식사하는 사람의 시선을 보호해주는 칸막이도 없어졌습니다. 더이상 혼자 밥 먹는 것이 부끄러운 일이 아니라는 얘기죠.

이게 불과 10년밖에 안 된 일입니다. 10년 만에 우리 사회는 1인 사회로 빠르게 분화하고 있었습니다.

데이터로도 확인해볼 수 있습니다. '혼밥'이라는 말이 의미 있는 규모로 나오기 시작한 게 2013년입니다. 그러다 2018년이 되자 혼자 공연 보고 혼자 영화 보고 혼자 카페 가고 혼자 술 마시는 각종 '혼○'이 39가지로 늘었고, 2020년에는 65개가 되었습니다. 이제 혼자 무언가 하는 게 더이상 낯설지 않은 사회로 바뀌었음을 확인할 수 있죠.

매일매일 부지불식간에 일어나는 변화를 느끼기는 어렵지만, 5년만 돌아보아도 정말 많이 바뀌었음을 확실히 알게 됩니다. 지난 10년간 한국사회는 혼자서 무언가를 잘 꾸려가는 사회로 분화되고 있었던 것입니다. 이런 변화를 이해하고 나면 나 또한 혼자 잘 지낼 수 있도록 독립성과 유연성을 갖추고자 노력해야 한다는 것을 충분히 유추할 수 있겠죠.

나아가 이 흐름이 계속된다면 1인 사회로의 분화를 넘어 가족의 해체까지 갈 수도 있겠다는 생각이 듭니다. 과거에는 '사람 구실'이라는 게 결국 누군가의 엄마 아빠 아들 딸이라는 관계 역할을 하는 것에서 출발했는데, 그게 희미해지는 겁니다.

전통적으로 가족은 재화를 조달하고 가사노동을 하고 유대를 강화하는 등 가정이 유지되는 데 필요한 각종 역할과 책임을 서로 나누고 서로에게 의지했는데, 그런 기능이 하나둘 외주화되며 축소되고 있습니다. 딜리버리 서비스를 비롯해 각종 가사노동이나 행정업무 아웃소싱 서비스가 성업 중이고, 반려산업도 가파르게 올라가고 있습니다. 어쩌면 이미 가족의 의미가 희미해졌기 때문에 이런 산업이 뜨는 것일 수도 있겠고요. 좋든 싫든 가족이 내 삶의 안전판이자 나를 지지해주는 존재였다면, 가족의 기능이 외주화되고 관계는 단속적으로 변하면서 가족이 차지하던 절대적인 의미가 축소될 수 있다는 이야기입니다. 과거에 결혼하지 않거나 아이 낳지 않는 이유는 그 행위가 너무 힘들기 때문이었는데, 이제는 딱히 그럴 필요를 느끼지 못해 비혼과 비출산을 택하는 사람들이 실제로 늘어나고 있습니다.

혼자 사는 사회로 예전부터 변화하고 있었다면, 10~20년 후의 모습도 예상해볼 수 있겠죠. 지금이야 혼자 살더라도 부모님이 편찮으시면 병원에 모시고 가며 자식 된 도리를 하려고 애쓰는데, 혼자 사는 사람이 노년이 되면 누가 그런 역할을 해줄까요? 우리 사회의 취약한 사회보장을 보완했던 게 강력한 효도 시스템이어서, 자손이 없으면 노년의 삶이 어려워지기 십상이었습니다. 아파도 병원에 가기 힘들고, 등록하고 문진하는 것도 쉽지 않습니다.

자손 없이도 건강하고 인간다운 노년을 보내려면 사회나 개인이나 효도에 대한 강박을 없애고 독립된 개체로 살 수 있도록 준비하고 지원해야 합니다. 사회보장 시스템이 그만큼 발달해야 하는데 쉽지는 않아 보이고, 각자도생으로 가기 십상인데 이 또한 만만찮은 과업입니다. 효도 시스템을 외주화할 만큼 엄청난 부를 쌓든지, 아니면 독자적으로 살아갈 수 있는 체력과 정신력을 키워야겠죠. 이 점을 먼저 깨닫고 꾸준히 독서하고 운동하는 생활 습관을 가진 어르신들처럼 말입니다. 자신의 생산성과 사회적 기능을 유지하기 위한 일상의 혁신을 계속 해나가야 합니다. 기술과 세상이 바뀌는 속도에 뒤처지지 않도록 스스로 업데이트를 게을리하지 말아야 한다는 뜻입니다.

변화의 상수 2 : 장수하는 인간

두 번째 키워드는 앞의 이야기와도 연결됩니다. 바로 '장수'입니다. '혼자'와 더불어 우리 사회의 변화에서 가장 중요한 키워드를 뽑으라면 장수를 빼놓을 수 없습니다.

오른쪽 사진은 1970년대 환갑잔치 모습입니다. 가운뎃줄에 의관 정제하고 앉아 계신 저 남자분이 60세라는 거죠. 어떤가요? 꽤 나이 들어 보이지 않습니까? 상대적으로 여러분 주변에 계신 60대

1970년대 환갑잔치 모습(출처 : 중앙일보)

분들은 정말 젊어 보일 것입니다. 불과 50년 만에 한국사회가 엄청나게 오래 살고 젊게 사는 사회로 바뀌고 있습니다. 보건, 의료, 복지 모든 것들이 과거보다 더 나은 삶, 더 오래 사는 삶을 가능케 합니다.

사진에서 환갑을 맞으신 분은 수십 명의 직계가족에게 절을 받았습니다. 지금은 환갑 기념사진을 찍는 가족의 숫자가 4명 안팎으로 줄어들 것입니다. 자녀가 한두 명밖에 안 되고, 결혼하지 않았을 가능성이 크니까요. 결혼했어도 손주는 없기 십상이고, 오히려 강아지와 함께 찍을 가능성이 크겠네요. 결정적으로 요즘은 환갑을 기념하지 않으니 사진 자체가 존재하지 않겠군요. 즉 오늘날의 60세는 과거의 60세보다 늙지 않았고, 과거의 60세는 여명이 짧았지만 이제는 아니며, 나를 부양할 많은 가족이 존재하지 않습니다. 그리고 자녀들보다 오히려 부모님 세대가 부유할 가능성도 낮지 않습니다.

그 결과, 과거와 같은 효도 시스템이 작동하지 않게 되었습니다. 그리고 그 결과, 어르신들도 고령자로 대접받기보다는 스스로 젊게 사는 삶을 택하는 것 같습니다. 실제로 체력과 라이프스타일 자체가 젊기도 하고요.

가수 송가인 씨 팬카페의 글 한 편을 인용해보겠습니다. 제목부터 인상적입니다. "50대 후반 이상 되시는 청년분께 호소합니다."

1970년대의 환갑은 삶을 정리하는 단계였고, 노년의 상징이었습니다. 그런데 지금은 비슷한 연령대인 50대 후반을 청년이라 지칭합니다. 아마도 글을 쓴 분은 50대 후반보다 연배가 높은 듯합니다.

이분이 50대 청년들에게 무엇을 호소할까요? "저도 뒤늦게 멜론 가입해서 스밍에 열중하고 있습니다. 지금도 늦지 않았습니다. 시작해보세요. 좀 노력하면 됩니다." 무슨 말이냐면, 송가인 씨의 노래 순위를 올리려면 스트리밍 횟수가 많아야 하므로 얼른 음원 서비스에 가입해서 송가인 씨 노래를 많이 듣고 결과를 인증하라는 것입니다.

50대는 물론 60, 70대도 팬덤 문화를 배우고 있습니다. 같이 옷 맞춰 입고 안무를 익히고, 콘서트 가서 응원하고 굿즈도 거침없이 구입합니다. 젊은 세대의 팬덤 문화와 다를 바 없죠. 아마 이분들은 예전에 HOT나 EXO를 좋아하는 자녀들에게 화를 냈을지도 모릅니다. 하라는 공부는 안 하고 가수만 쫓아다닌다고요. 그런데 지금은 거꾸로 자녀 세대의 팬덤 문화를 흡수해 즐기고 있습니다. 행사장에 밥차까지 불러가면서요.

이게 새로운 현상인 것 같지만 이미 올 일이었는지도 모릅니다. 예전 일본의 욘사마 팬덤도 중장년층에서 시작된 것이었으니까요. 우리나라의 데이터에서도 이미 그런 흐름이 있었습니다. 2015

년 강의 때 제가 농담 삼아 했던 질문이 있습니다. "몇 살부터 중년이라고 생각하세요?"라고 물으면 30대는 40대를, 40대는 50대를, 50대는 60대를 말했습니다. 적어도 자기는 아니라는 거죠. 일반적으로는 중년이라 하면 40~50대를 떠올리는데 그때에도 시니어들 사이에는 60대, 심지어 70대가 중년으로 나왔습니다. 그만큼 자신의 나이를 젊게 인식한다는 의미입니다. 그분들 입장에서는 50대 후반은 청년인 게 자연스러울 것 같습니다. 동의하기 어려우시다고요? 제가 얼마 전에 본 유튜브 댓글은 "60대 청년인 나의 입장에서 말해본다면"이었습니다.

앞에서 변화에 맞춰 일상을 혁신해야 한다고 말씀드렸죠. 이는 변화에 대한 수용성이 뛰어나야 가능합니다. 그런데 다행히 오늘날 우리 사회 시니어들은 젊게 사는 만큼 수용성 또한 젊은 세대와 별반 다르지 않아 보입니다. 다만 조금 늦을 뿐이죠.

저희가 뽑았던 데이터 중에 산업별 브랜드 인지도에 관한 것이 있습니다. 스타벅스는 인지도 면에서 으뜸인 외식 브랜드인데, 아무래도 트렌디해서 젊은 분들이 많이 간다고 생각하죠. 그런데 시니어층에서도 스타벅스가 인지도 1등입니다. "일요 예배 끝나고 아들 손녀랑 밥 먹고 스타벅스에 가서 아메리카노 한잔 하고 왔습니다" 같은 글이 올라옵니다. 외식 브랜드들의 인지도와 선호도에서 전체 그룹 대비 시니어 그룹의 일치도가 60%가 넘습니다. 젊은층이 선호하는 외식 브랜드의 절반 이상을 시니어층도 좋아한다는 의미입니다. 시니어의 소비문화가 젊은 세대와 그리 다르지 않다는 것입니다.

더욱이 한국은 시니어층의 스마트폰 사용률이 엄청나게 높습니다. 손주 사진을 편집해서 카카오톡에 킬러콘텐츠로 공유하는 작업을 할아버지 할머니가 하십니다. 유튜브도 많이 보고, 지인들끼리 밴드 앱에 모여서 커뮤니티 활동을 합니다. 어느 나라 시니어들이 이만큼 할까요. 한국은 스마트폰을 다룰 줄 모르면 또래와 어울리기 힘들어서, 구민센터에서 나이든 분들을 위한 강좌를 열어 가르쳐줄 정도입니다. 이분들도 충분히 새로운 기술과 문화를 향유하는 수용자가 될 수 있다는 뜻입니다. 이 점을 놓치지 않고 배려하는 것도 중요한 과업이자 산업의 기회가 되겠죠. 이제는 여러분의 부모님께 스타벅스 기프티콘을 쏴드리면 아주 좋아하실 것 같습니다.

변화가 모든 연령층을 다 포괄해서 종합적으로 움직이고, 연령대별 차이가 줄고 있어요. 그렇다면 시니어에 대한 배려가 너무 많을 필요는 없을 테고, 오히려 지나친 배려를 싫어할지도 모릅니다. 시니어라 지칭할 필요도 없지 않을까요. 정신적으로도 육체적으로도 젊으니까요. 굳이 말한다면 '건강에 신경쓰시는 분' 정도

면 충분하지, 예전처럼 '올드' '시니어' '그레이' 같은 표현 자체가
적합하지 않다는 거죠.

변화의 상수 3 : 비대면의 확산

세 번째 살펴볼 기시감은 '무인'입니다.

얼마 전에 편의점에 가서 물건을 샀습니다. 그런데 계산하려고
갔더니 점원이 계산을 안 해주시는 것입니다. 술이나 담배처럼 연
령 확인을 해야 하는 경우 외에는 셀프계산대에서 직접 결제하
는 시스템이라 하더군요. 그때 느꼈습니다. '아, 이제는 누가 안 해
주는구나. 내가 직접 해야 하는구나.' 점원이 있건 없건 상관없이
말이죠.

많은 주택가 상권이 힘들어하고 있습니다. 대형 이커머스 때문
에 더이상 동네 아파트에 마트가 필요 없게 되었습니다. 이제는
소량의 생필품도 한 시간 이내에 배달해주는 퀵커머스 서비스가
시작되었으니 모세혈관처럼 뻗어 있는 편의점마저 생존을 위협받
기 시작했습니다. 세탁소는 세탁 어플에 대체되고 있고요. 플랫
폼 서비스로 가상화, 무인화되는 흐름 앞에 동네 상점이 버틸 재
간이 없습니다. 그래서 하나둘 비는 상점에 세계과자전문점, 아이

스크림 전문점이 들어오고 있습니다. 그전에는 인형뽑기 가게가 있었고요. 이들 가게의 공통점이 뭐냐 하면, 무인으로 운영돼 직원이 없다는 것입니다.

무인화가 가능하려면 두 가지가 필요합니다. 첫째는 기술이 발달해야 합니다. 사람이 없어도 운영할 수 있어야 하니까요. 둘째는 공급자와 소비자가 무인화를 수용할 준비가 돼 있어야 합니다. 아시는 것처럼 한국사람들은 첨단기술을 몹시 좋아하고, 빠르게 습득합니다. 하다못해 스크린 골프장도 셀프서비스라 알아서 다 해야 하는데, 그걸 다 합니다. 기술을 수용하는 인텔리전스가 매우 높아 무인 서비스에 대한 수용성이 빠르게 올라가고 있습니다.

그러나 더 주목해야 할 것은, 지금의 무인화 흐름이 단순히 기술발달이나 우리의 수용력에 의해서만 만들어지는 게 아니라, 관계 맺기에 대한 우리의 생각 변화 때문에 더 빨라진다는 사실입니다.

직원 없는 가게가 들어오는 이유로는 아무래도 인건비 상승을 무시못할 것입니다. 그런데 막상 점원을 두지 않으니 오히려 손님들이 좋아해요. 최근 저희 동네에 카페가 문을 열었는데, 무인 카페였습니다. 일하는 분은 아침에 와서 한 시간 청소하고 물건만 채우고 떠나고, 그다음부터 매장에 있는 사람은 손님뿐입니다. 그런데 그 손님이 적지 않았습니다. 점원이 없으니 가는 것입니다. 동네 카페는 오래 있으면 사장님이 눈치를 주는데 여기는 눈치 줄 사람이 없거든요. 인건비가 없는 만큼 더 싸기도 하고요.

사람이 없어서 더 좋아한다니, 이렇게 생각하면 두려워집니다. 이미 2017년에 국내 어느 화장품 매장에서는 고객이 든 매장 바구니 색깔에 따라 접객을 달리한 바 있습니다. 매장 입구에서 녹색 바구니를 들고 들어가면 나 혼자 보겠다는 뜻이어서 점원이 말을 걸지 않았어요. 최근에는 정수기 필터를 스스로 교체하는 셀프렌털 서비스가 생겨났습니다. 예전에는 정수기 회사 직원이 와서 관리했는데, 그러다 보니 방문일정 맞추기도 어렵고 외부인을 집에 들이는 찜찜함도 컸습니다. 무엇보다 방문할 때마다 자꾸 신상품을 권유하는 바람에 난감했는데, 필터를 잉크 카트리지처럼 손쉽게 교체할 수 있게 되어 이 모든 거북함에서 벗어났다는 안도의 글들이 올라옵니다.

이런 변화를 보면 대면에 대한 사람들의 피로도가 만만치 않았음을 느끼게 됩니다. 그러다 바이러스가 안 만나는 구실이 되어 행복한 거죠.

그러면 앞으로는 어떤 일이 벌어질까요?

당연히 렌털 서비스는 무인화될 것이고, 접점이 있는 리테일 서비스도 자동화될 것입니다. 그렇다면 필연적으로 일자리가 사라지겠죠. 정수기 관리직원이 필요 없어진 것처럼, 생명보험회사 설계사도 줄어들기 시작했습니다. 로봇 바리스타가 커피를 만드는 무인 카페도 이미 확산되는 중입니다. 으레 이런 매장에는 벤딩머신이 있어서 바나나나 샐러드 같은 것들을 파니 인근 편의점 매출도 타격을 입겠죠. 이런 변화를 기존에 종사하던 분들과 소상공인 모두가 유연하게 흡수할 수 있을까요?

그런데 이 또한 일어날 일이었고, 일어나고 있던 변화입니다. 사람들이 대면을 부담스러워한다는 내용이 예전에도 있었어요. 특히 전화 통화를 꺼리는 현상은 밀레니얼의 특성으로까지 부각될 정도였습니다. 그런데 이것이 특정 세대만의 특징은 아니라는 것이죠.

2016년 배달 어플에 대한 분석 데이터에 전화 주문을 힘들어한다는 내용이 나옵니다. 이 내용을 생생히 기억하는 것은, 저 스스로 이해가 안 되었기 때문입니다. 배달 앱이 편하다는데 저는 불편했거든요. 전화해서 "중국집이죠? 자장면 세 그릇 주문…"까지만 말해도 업소에 제 과거 주문이력이 남아 있으니 주소 같은 걸 더 말할 필요가 없습니다. 그런데 배달 앱이 더 좋다고 하길래 왜 그런지 들여다보니 '전화하기 싫다'는 데이터가 나왔습니다. 어느 정도냐 하면 '전화공포증'이라는 말이 나올 정도입니다. 이 표현이 최근 2년 사이에 엄청나게 올라오고 있습니다. 문자를 보내거나 글을 쓰는 건 문제가 없는데 실시간 통화하는 게 유독 스트레스라는 것입니다.

저도 비슷한 경험이 있습니다. 저와 함께 데이터를 분석하고 연구하는 분들 중에는 20~30대도 많습니다. 그중 세 분과 함께 연구하는 스터디에 한 분이 좀 늦었습니다. 제가 다른 분에게 여쭤봤죠. "그분은 좀 늦으시나 봐요." 그랬더니 "안 그래도 문자 보냈습니다"라고 대답하더군요. 제가 "시간 됐으니 전화 한번 해보세요"라고 했더니 "문자 보냈는데요"라는 답이 돌아왔습니다. 반응이 흥미로워서 굳이 한 번 더 "전화하면 안 돼요?"라고 물으니 이번에도 "문자 보냈다니까요"라며 철벽을 치더군요. 무려 3번이나.

그래서 물었습니다, 전화가 왜 그렇게 싫은지. 그랬더니 전화는 뭐랄까, 좀 무례한 수단 같다는 것입니다. 이미 문자로 충분히 소통했는데 전화로 즉각적인 대답을 재차 요구하는 행위가 마뜩지도 않고, 무엇보다 전화벨이 울리면 심장이 뛴다고 했습니다. 기성세대도 밤늦게나 이른 아침에 가족의 전화가 와서 가슴 철렁했던 경험이 있을 것입니다. 좋지 않은 일이 생겼나 하고요. 우리나라만의 현상은 아닌 듯, 외국에도 운동할 때보다 전화벨이 울릴 때 심장이 더 격렬하게 요동친다는 밈이 돌아다니고 있습니다.

이 정도로 사람들이 전화를 싫어하다 보니, 요즘은 전화요금제도 달라졌더군요. 예전의 전화요금제를 보면 300분 무료통화에 500메가바이트 제공한다는 식이었는데, 지금은 10기가바이트 무료에 통화는 무제한입니다. 무제한도 놀라운데, 그 혜택을 먼저 내세우지도 않습니다. 어차피 통화는 안 할 테니 피차 중요하지 않은 거죠.

이렇게 전화를 싫어하는 사람들이 많아지는데 콜센터가 계속 유지될까요? 이미 전 세계 많은 기업이 콜센터의 기능을 자동화해서 챗봇 서비스를 적용하고 있습니다. 우리나라에도 이미 활성화되고 있죠. 애초의 의도는 인건비 절감이었는데 이게 웬걸, 비용 절감은 둘째치고 밀레니얼 이하의 사용자들이 챗봇을 선호하는 모습이 관찰되었습니다. 그러니 앞으로 더욱더 챗봇으로 가게 될 거고, 머잖아 인공지능이 언어인식 및 합성까지 진화할 테니 설사 전화를 하더라도 로봇에게 하지 사람에게 하지는 않을 것 같습니다. 글로벌 콜센터인 인도는 이 변화에 어떻게 대응하고 있을까요?

아니, 그들을 걱정할 것도 없이, 지금의 커뮤니케이션 방법을 고수하는 사람들은 어떻게 될까요? 이를테면, 일이 급하면 주말에도 전화할 수 있다고 생각하는 부장님은요? 젊은 직원들이 가장 싫어하는 커뮤니케이션 형태가 토요일에 상사가 전화하는 거라고 합니다. 3가지 나쁜 게 다 몰려오니까요. 시간 외 업무, 상사, 전화. 지금은 조심하는 분위기가 형성되고 있지만, 여전히 오밤중에 메신저가 울릴 때가 있습니다. 심지어 이렇게 말하는 저도 그 랬습니다. 흥미로운 기사나 연구가 보이면 메일 같은 메시지로 습 관적으로 공유하는 거죠. 저는 메모장처럼 쓴 셈이지만 상대 직 원은 당황할 수밖에요.

무인화는 자동화가 있기에 가능합니다. 아시는 것처럼 아마존 이 만든 첨단 상점은 아예 매장에 점원이 없고, 물건을 집어서 나 오면 바로 계산이 끝나 결제 프로세스도 생략했습니다. 비단 최 첨단 기술기업의 서비스만이 아닙니다. 코로나로 공공기관과 쇼 핑몰 등 사람이 많이 오가는 건물에 들어갈 때 체온측정이 의무 화되었죠. 이게 2020년 3월만 해도 짭짤한 일거리였다고 합니 다. 아르바이트하는 분들이 일당을 받고 방문객의 체온을 측정했 던 것이죠. 그런데 지금은 어딜 가도 체온측정기만 덩그러니 있습 니다. 코로나 팬데믹 초창기에 어느 기관은 건물 출입자 체온측정 을 하느라 인건비만 한 달에 1000만 원을 썼다고 했는데, 그 기관 도 2개월 후에 다 기계로 교체했습니다. 수백만 원으로 기계 2~ 3대만 두면 되니 비용이 훨씬 줄어들었겠죠. 불과 2개월 만의 변 화입니다. AI, 로보틱스 등의 기술이 집약돼, 이제는 사람이 하던 일을 도와주는 걸 넘어 대체해버리는 기계가 이렇게 빨리 나옵 니다. 체온 재는 기계가 2년도 안 되어 몇 만 원까지로 저렴해진 것을 보면 기술발달 속도를 체감할 수 있습니다.

이런 이야기를 들으며 드는 생각이 '편리하구나' 또는 '비용이 절감되는구나'만은 아닐 겁니다. '그러면 사람이 필요 없네?'까지 연결되죠.

2017년부터 RPArobotic process automation에 관한 언급이 쭉 올라오기 시작했습니다. 흔히 자동화라 하면 공장에서 기계적인 로봇이 조립을 대신하는 자동화를 연상하기 쉬운데, 이제는 논리적인 로봇이 주도하는 사무직 자동화가 뜨고 있습니다. 과거 1980년대 초반의 사무자동화, 즉 OAoffice automation를 생각하는 분들은 오늘날의 RPA가 어디까지 진화했는지 상상도 못하실 겁니다. 제가 어렸을 때에는 부모님이 월급봉투를 받아오셨어요. 누런 봉투 안에 지폐와 동전이 들어 있고, 겉면에는 급여명세가 수기로 쓰여 있던 걸 기억합니다. 매달 직원들 월급 금액을 맞추느라 회계팀 수십 명이 밤을 새웠다는 전설 같은 이야기도 들었습니다. 그런데 지금은 웬만한 기업의 회계팀은 기껏해야 한두 명입니다. 대부분의 업무가 외주화, 자동화되었으니까요.

실로 다양한 영역에서 화이트칼라의 업무가 자동화되고 있습니다. 제가 몸담은 회사에서 하는 자연어 프로세싱 또한 사람이 하던 업무와 리소스를 로봇이 학습해 작업하는 것이고요. RPA

도 사람이 하던 업무 중에서 OCR optical character recognition로 정보를 읽어내거나 텍스트를 바이트로 끌어낸 다음 그 안의 로직을 규칙화해서 자동화하는 작업이 확장된 것입니다. 일본의 한 보험회사가 2017년에 보험금 계산이 가능한 AI 시스템을 도입하면서 34명을 해고했는데, 시스템에 투자한 비용이 그해에 절감된 인건비와 같았다고 합니다. ROI가 1년이에요. 1년만 있으면 투자비용이 회수되는데 누가 이걸 하지 않을까요? 한국의 금융권도 빠르게 RPA를 도입하는 중입니다. 단순한 형태 또는 반복되는 문서 작업 같은 것부터 자동화되겠죠.

이렇게 되는 순간 인간에게 요구되는 덕목도 바뀔 것 같습니다. 예전에는 성실히, 꾸준히, 열심히 하는 자세를 높이 샀어요. 지금도 그런 면이 있죠. 그런데 로봇 R대리는 잠을 안 잡니다. 밥도 안 먹고 3교대도 필요 없어요. 월급을 올려달라는 말도 안 하고, 결정적으로 R대리는 오류를 내지 않습니다. 이렇게 동일한 업무를 꾸준히 하는 분야는 로봇을 이길 수가 없습니다.

그러니 지금까지 농업적 근면성으로 열심히 일했던 이들의 꾸준함은 더이상 덕목이 아닐 수도 있습니다. 생각 없는 근면성은 조만간 주인의 발목을 잡을 것입니다. 혹여나 여러분도 좋은 직장에 들어가서 시키는 일 열심히 하겠다는 생각은 접으시기 바랍니다. 그런 일자리는 곧 없어질 확률이 높으니까요.

자동화, 무인화라는 변화를 맞는 우리 마음에는 기대와 우려가 공존합니다. 우리에게는 여전히 인공지능에 대한 일종의 판타지가 있습니다. 인공지능이 인간을 노동에서 해방시켜줄 것이라는. 반면 우려도 있죠. 자동화에 의해 내가 하는 일이 잠식되거나 대체될 수 있다는. 최근에는 인간의 노동이 존중받아야 한다는 사회적 합의에 따라 보수체계가 점점 올라가는 게 세계적 추세입니다. 그에 따라 자동화 속도도 빨라집니다. 사람이 귀하고 사람에게 줘야 할 비용이 올라갈수록 역설적으로 자동화의 동인이 추동되는 것입니다.

스마트팩토리가 만들어지면서 인건비가 싼 해외에 공장을 지었던 기업들이 다시 자국으로 돌아오는 리쇼어링reshoring 사례가 늘고 있습니다. 게다가 코로나19로 글로벌 밸류체인의 취약점이 노출되면서 자기 나라로 돌아가는 시도가 여기저기서 보이고 있죠. 그런데 이것이 고용을 담보하지 않습니다. 완전자동화 시스템 및 인프라가 사람 없는 공장을 만들고 있습니다. 이런 새로운 기회 또는 위기에서 어떻게 좋은 점은 취하고 그렇지 않은 점은 피해갈 수 있는지 지혜를 모아야 할 시점입니다.

더욱이 우리가 이렇게 변화하는 이유가 단순히 자동화에 대한 열망이라기보다는, 앞서 살펴본 대로 사람과의 관계를 제어하고 싶은 욕망의 결과라는 데 주목해야 합니다. 비대면non contact이 아니라 선택적 대면selective contact입니다. 로보틱스, 자동화는 만나고 싶으면 만나고 그러기 싫으면 안 만날 수 있는 수단으로 쓰일 수 있습니다. 그렇다면 우리는 인간으로서 어떤 역할을 할 것인지 생각해봐야 할 듯합니다. 나아가 만나고 싶은 사람이 되어야 한다는 당위에 어떻게 적응할지도 고민해야겠죠.

지금까지 우리는 변화의 3가지 상수를 살펴보았습니다.

첫째, 분화하는 사회. 우리는 혼자 살고 좀 더 작아진 집단으로 가고 있습니다.

둘째, 장수하는 인간. 우리는 과거보다 훨씬 오래 살고 젊게 삽니다.

셋째, 비대면의 확산. 이는 기술만이 아니라 사람들이 대면을 꺼리기 때문에 강화됩니다.

지난 20년 가까운 데이터를 통해 우리는 이 3가지 변화를 목도할 수 있었고, 검증할 수 있었고, 추적할 수 있었습니다. 일어날 일이 일어난 것이죠. 다만 코로나19로 변화의 속도가 급격히 빨라졌기에 지금 막 닥친 변화처럼 착시현상이 일어난 것뿐입니다. 말하자면 코로나로 인해 '당겨진 미래'라 할 수 있습니다.

10년이라는 기간이 길다면 길고 짧다면 짧지만, 그사이의 변화가 작지 않았음을 이해하게 됩니다. 그러면 지금의 변화는 어떨까요? 여러분이 보시기에 지금 당연하다고 느끼는 것들 가운데 어떤 것들이 남고 어떤 것들이 없어질지 한번 고민해볼 수 있지 않을까요?

향후 10년의 변화는 이것보다 더 빠를 거라 생각합니다. 이미 축적된 정보와 지금까지 깔린 네트워크와 인프라가 변화를 더 가속화할 테니까요. 점점 빨라지는 변화에 적응해야 하는 우리에게 앞서 말한 변화의 3가지 상수는 중요한 기준점이 될 수 있을 것입니다. 만약 여러분이 이 3가지 변화를 염두에 두고 계획하는 게 있다면, 오늘의 그 시도가 여러분의 미래에 얼마나 큰 기여를 할지 기대해보셔도 좋을 듯합니다.

한편으로 로봇 카페에서 글을 쓰며 들어오는 손님들을 관찰해보니 나이 지긋한 분들끼리만 오시는 경우는 드물다는 사실을 발견했습니다. 아무래도 사람이 없는 낯선 시스템에 적응이 어려우신 것이겠지요. 반면 자제분이나 손주들과 함께 오시는 분들이 이따금 눈에 띄는 것을 보며, 새로운 세계에 함께 가기 위해 누가 어떻게 도울 것인가 생각해보게 되었습니다.

물론 자제분이나 손주 같은 가족구성원이 돕는 것이 정서적으로나 기능적으로 환영받을 수 있을 것입니다. 그렇지만 앞에서 말씀드린 대로 비출산과 비혼의 확산, 가족에 대한 우리의 생각 변화가 '혼자' 사는 세상으로 움직이는 상황에서 낙관적인 방법만

기억해야 할 변화의 상수 3가지 :

당신은 혼자 삽니다.

당신은 오래 삽니다.

당신 없이도 사람들은 잘 삽니다.

기대할 수는 없을 것입니다. 사회의 다른 구성원이나 시스템이 그분들을 돕거나, 아니면 다시 인공지능이 그분들을 돕는 일을 맡게 되지 않을까 생각해봅니다.

Don't Just Do It

제가 미래학자도 아니고 점성술을 아는 것도 아니면서 이 모든 변화가 일어날 일이었다고 말하고, 나아가 '일어날 일은 일어난다'고 운명론을 설파하듯 단언할 수 있는 것은 1차적으로는 데이터 덕분입니다. 20년 가까이 한국사회를 관찰하며 분석한 자료가 기록으로 남아 있기에 변천을 바라볼 수 있었던 거죠. 언제부터 어떤 변화가 시작되었는지 구체적인 시점을 추적하는 것도 가능합니다.

그렇다면 다음 질문은 이것이겠죠. 앞으로의 변화를 어떻게 예측할지, 지금의 수많은 변화 가운데 무엇이 미래상의 단초일지 어떻게 알 수 있느냐는 것입니다. 실제로 많은 분들이 제게 변화의 징후를 어떻게 읽는지 묻습니다.

일례로 예전에는 맥주를 회식이나 스포츠 경기 등 '이벤트'에 주로 마시다가, 어느 순간 '불금'의 맥주로 이동하더니, 2012년부터 퇴근 후 가볍게 한잔 하는 '일상'의 맥주가 되었습니다. 2019년부터는 '넷맥'이 나오기 시작했고요. 넷플릭스 맥주죠. 퇴근해서 샤워한 후 맥주 한잔과 함께 넷플릭스 보면 오늘 하루 끝, 낮의 김 부장과의 기억은 안녕~ 이렇게 10년에 걸쳐 이벤트의 맥주가 일상의 맥주가 되었다면, 그 이후에는 어떤 맥주가 뜰까요?

지금은 부부 술상이 나옵니다. 주로 맞벌이 부부가 퇴근해서 저녁식사 겸 안주상 차려서 먹는 모습이죠. '넷맥'의 리추얼이 '#술상스타그램'으로 변주되는 것입니다. 이는 인구사회학적으로도 예측 가능한 변화입니다. 비출산이 증가하니 맞벌이 부부여도 평일 밤이 여유로울 수 있습니다.

집에서 혼자 또는 부부끼리 먹으니 안주와 주종 선택에 자신의 취향이 한껏 발휘됩니다. 이 때문인지 와인이 급격히 뜨고 있습니다. 와인만큼 취향이 섬세하게 나뉘는 주종도 드물죠. 게다가 사진으로 찍으려면 병이 예뻐야 하거든요. 와인과 크래프트비어는 되지만 기존의 소주는 안 되는 이유입니다.

이벤트의 맥주가 일상의 맥주로 변화하는 과정은 전작 《상상하지 말라》에서도 소개한 내용입니다. 당시 '주중 퇴근 후에 배우자와 함께 마시는 가벼운 병맥주'를 마케팅에 적합한 씬으로 제시했는데, 실제로 그 후 딱 이 컨셉으로 팔렸습니다. 저희는 어떻게 미래를 먼저 볼 수 있었을까요?

제가 드리는 대답은 '좋은 질문을 받는다'는 것입니다.

저는 직업상 다양한 영역에 계신 분들을 만납니다. 그런데 신기하게도, 사람들이 제게 하는 질문이 반복된다는 걸 깨달았습니다. 한동안 줄창 MZ세대에 대해 묻더니, 그다음에는 커뮤니케이션과 브랜딩에 대해 물었습니다. 지금은 업무를 둘러싼 하소연을 많이 듣습니다. 거칠게 요약하면 상사들은 '젊은 직원들은 왜 일을 안 하는지' 고민이고, 그 젊은 직원들은 '상사가 무능해서 싫다'고 합니다.

그래서 알았습니다. '아, 공통질문이 있구나.'

저는 운 좋게도 다른 사람보다 먼저 질문을 받았고, 심지어 똑똑한 질문을 받았습니다. 물어보는 사람의 머리가 좋다는 말이 아니라, 고민이 깊었다는 것입니다. 자기 일과 세상에 대해 오래 고민한 끝에 나오는 핵심을 찌르는 질문에는 아무렇게나 대답할 수 없죠. 저 또한 깊이 숙고하고, 사방의 전문가들에게 물었습니다.

재미있는 건, 전문가들이 해온 기존의 공부에 비춰보면 제가 던지는 질문은 으레 '원래 있던 고민'이더라는 것입니다. 성장에 대한 고민을 물으면 뒤르켐의 사회유기체론이 튀어나오기도 합니다. 그런 설명을 듣다 보면 '이런 고민은 이미 천재들이 다 했네?' 하는 헛웃음이 나올 때도 있습니다. 인류가 오래전부터 했던 수많은 고민이 있고, 그중 일부가 그때그때 우리 사회의 표면에 떠오르는 것이죠. 이런 질의응답을 반복하면서 데이터 아래 숨겨진 함의를 좀 더 깊이 이해할 수 있었습니다.

즉 제 비결(?)은 다양한 사람들과 교류하며 이종heterogeneous 간의 지혜를 모으는 사고를 한 것입니다. 질문은 현업에서 일하는 분들이 줬고, 그에 대한 해법은 다양한 주제를 공부하는 학자들에게 들으면서요. 저는 질문을 전달했을 뿐입니다. 각자 다른 영역에서 깊은 사고를 하는 독립적 인간들이 모여서 함께 고민하는 작업이 가장 소중합니다.

그러니 교류해야 합니다. 그러려면 공부해야 하고요. 공부하지 않으면 질문을 받았을 때 '내 생각은 말야' '나 때는 말야' 하면서 뻔한 말을 늘어놓거나, '인생이 다 그런 거 아니겠어?' 같은 말로 모호하게 둘러댈 수밖에 없습니다.

여기까지 오면 이런 의문이 들 것 같습니다. 저야 사람을 만나고 질문받는 게 일이니 질문이 모이는데, 그렇지 않은 개인은 어떻게 좋은 질문을 모을 수 있을까요?

물론 저는 좋은 질문을 상대적으로 먼저 받는 편입니다. 이런 질문이 하나둘 나오기 시작하면 곧 사방으로 퍼져나가게 돼 있어요. 다른 사람보다 조금 늦게 질문을 접한다 한들 큰 문제일까요? 사라지지 않는 한 그 질문은 여전히 유효합니다.

다만 초반에는 이 질문이 변화의 신호인지 단순한 소음인지 알기 어려울 수는 있습니다. 그때의 방법은, 많이 읽는 겁니다. 책이든 뭐든 꾸준히 많이요. 읽다 보면 패턴이 반복되는 게 보입니다. 신호가 증폭되는 게 있고 감소하는 게 있는데, 그걸 보면 됩니다. 구글트렌드 등 검색엔진의 키워드 분석 툴이 이런 역할을 하기도 하고요.

누군가에게는 원하는 대답이 아닐지도 모릅니다. 당장 미국 주식을 살지 말지 누가 찍어주면 좋겠다는 사람에게 몇 년 동안 책 읽으라 하면 좋아할까요? 그러니 급한 대로 '1000권 읽고 깨달은 것들' 같은 다이제스트 책을 읽습니다. 그러나 성취란 다이제스트로 얻어지는 게 아닙니다. 1000권을 읽는 와중에 그 노력을 통해 각성하는 거지, 1000권에 담긴 정보가 저절로 각성을 주지는 않습니다. 성취란 목표가 아니라 과정에서 얻어지는 훈장임을 기억하면 좋겠습니다.

여기에 한 가지 더하고 싶은 얘기는, 무조건 열심히만 하는 게 답은 아니라는 것입니다. 잘못된 방향으로 열심히 하면 소진됩니다. 한 신문사의 기사에 따르면 2002년에는 텔레마케터가 유망 직업이었습니다. 그러나 2015년에는 없어질 직업 1위로 지목됐습니다. 2002년의 누군가는 15년도 안 되어 사양산업이 될 일에 자신의 인생을 걸었을지도 모릅니다.

　방향을 먼저 생각하고, 그다음에 충실히 해야 합니다. 어려운 일은 아닙니다. 생각을 먼저 하면 돼요. 일어날 일은 일어날 테니까요. 그냥 해보고 나서 생각하지 말고, 일단 하고 나서 검증하지 말고, 생각을 먼저 하세요. 'Just do it'이 아니라 'Think first'가 되어야 합니다. 그 생각의 자료 중 하나로 앞에 말씀드린 3가지 상수도 활용해보시기를 권합니다.

방향이 먼저입니다.
그냥 해보고 나서 생각하지 말고,
일단 하고 나서 검증하지 말고,
생각을 먼저 하세요.
'Think first'가 되어야 합니다.

Don't Just Do It.

LIQUEFACTION

2

변화
가치관의 액상화

변화가 중요한 이유는 어떻게 변화하는지에 따라 우리의 적응이 달라져야 하기 때문입니다. 새로운 상황에서는 기존의 방식이 통하지 않으니까요.

드라마 〈응답하라 1988〉에서 덕선이 아버지의 직업은 은행원이었습니다. 극 중 덕선이 아버지가 주변 지인에게 은행 적금상품을 권유합니다. 지인이 코웃음을 쳤죠. "은행 이자 그거 얼마나 한다고~" 그러자 덕선이 아버지가 "이자가 떨어져서 15%밖에 못 준다"며 겸연쩍어하는 장면이 나옵니다.

당시 수신금리가 15%였습니다. 한때 직장인의 꿈이 현찰 10억이었던 시절이 있었죠. 그러면 1년 이자가 1억 5000만 원이니, 이자소득세를 내도 월 800만 원은 수중에 떨어집니다. 당시 물가를 감안하면 먹고살고도 남는 돈이에요. 말하자면 당시 일반 직장인들에게 10억은 원금 손실 없이 영원히 작동하는, 꿈의 영구기관 같은 거였습니다.

그러나 지금은 100억이 있어도 그렇게 못 살아요. 시중 수신금리가 1%도 안 되는 데다 이자소득이 2000만 원만 넘어가면 종합소득세가 붙는 바람에 이자로 1억을 벌어도 세금 떼고 나면 한 달에 500만 원도 못 가져갑니다. 그것도 100억이 은행에 있을 때의 얘기니, 이자소득만으로 먹고사는 시나리오는 이제 통하지 않습니다. 설령 더 큰 돈이 있다 해도 내가 살아 있는 동안 화폐가치가 유지돼야 그 돈이 값어치를 합니다. 우리가 앞으로 얼마나 오래 살 텐데, 사는 동안 경제위기를 한 번도 안 겪을 가능성이 있을까요? 인플레이션은 없을까요? 미래가 우리 생각대로, 희망하는 대로 되기는 쉽지 않아요.

환경이 바뀌면 과거의 계획은 무의미해집니다. 변화가 일어났다는 것은, 삶에 대한 우리의 정의와 그에 따른 준비를 돌아보아야 하는 상태가 되었다는 뜻입니다.

"출근을 꼭 해야 하나요?"

1부에서 살펴본 3가지 변화의 상수는 분화하는 사회, 장수하는 인간, 비대면의 확산이었습니다.

이렇게 짧게 바라본 것만으로도 삶의 변화가 굉장히 빠르고 진폭이 커졌다는 것을 알 수 있습니다. 기존의 삶의 방식이 변화되면 일하는 방식뿐 아니라 비즈니스 자체가 바뀌게 되죠. 앞서 말씀드린 것처럼 주문방식이 무인화되고 로봇 바리스타가 나오기도 하고요. 이 변화를 어떻게 수용하고 준비할 것인지 봐야 할 것 같습니다.

온가족이 모여 한 대의 TV를 보던 시절이 있었습니다. 지금은 가족이 모여 있어도 각자 다른 디바이스를 보고, 나아가 한 사람이 여러 화면을 보기도 합니다. 이 이야기를 어느 기업 연구소에 가서 발표했더니, 그 회사의 대리님이 자기도 그렇다고 하더군요. 재택근무할 때 집에서 3대의 디바이스를 놓고 일했답니다. 그러다 회사에 오니 일하기가 너무 불편하대요. 회사는 PC 모니터 하나밖에 안 주거든요. 더 나쁜 건, 회사에서는 부장님이 자꾸 모니터를 본다는 것입니다. "뭐 해요?" 하면서. 옆에서 잘 보이지 않도록 화면에 편광 필름을 붙여도 소용이 없대요. 그래서 회사가 싫다는 사연이었습니다. 자기는 일할 때 여러 개의 디바이스가 필요한데, 선배들은 유난 떤다 그러니까요.

상사는 왜 모니터를 하나밖에 안 줄까요? 여러 이유가 있겠죠. 책상이 넓지 않아서일 수도 있고, 옆자리 박 과장은 가만 있는데 김 대리만 어떻게 3개를 주느냐는 형평성의 문제일 수도 있고요. 그러나 가장 큰 이유는 공감하지 못해서가 아닐까요? 김 대리와 같은 방식으로 일을 해오지 않았기 때문에 공감하지 못하는 것입니다.

회사에서는 집중하라고 하나의 스크린을 줬지만 오히려 김 대리에게는 여러 대의 스크린이 업무에 최적화된 형태라면, 기존의 업무방식과 준비가 과연 성과를 높이는 데 도움이 되었는지에 대해 조직 안에서도 이견이 있을 것 같습니다.

특히 밀레니얼뿐 아니라 Z세대는 디지털 네이티브라 불릴 정도로 디지털 커뮤니케이션 방식에 익숙합니다. 테크놀로지에 대해서도 이전 세대에 비해 장벽이 낮고요. 테크놀로지에 대한 정의 중 제가 좋아하는 것은 "당신이 태어난 다음에 나온 것Technology is anything invented after you were born, everything else is just stuff"이라는 말입니다. 컴퓨터과학자 앨런 케이Alan Kay의 말인데, 한마디로 내가 새로 배워야 하는 신기한 게 테크놀로지라는 거예요. 저에게 스마트폰은 테크놀로지입니다. 그래서 처음 쓸 때 적잖이 애를 먹었죠. 반면 1996년 이후 태어난 Z세대는 스마트폰이 너무 쉬운 기술입니다. 태어날 때부터 스마트폰에 대한 적응력이 뛰어나고 영상으로 대화하는 데 익숙합니다.

이들이 처음부터 기계와의 대화를 배웠다는 것이 데이터에 나타납니다. 아기의 첫마디가 아마존의 AI 스피커를 부르는 '알렉사'였다는 농담이 있을 정도로요. 실제로 두 돌도 안 된 꼬마가 태블릿PC를 척척 쓰는 걸 보고 신기해하는 어른들이 많습니다. 그 아이에게는 오히려 책이 어렵습니다. 확대도 안 되고 클릭도 안 되니까요. 그래서 손가락을 벌려보고 꾹꾹 눌러도 보다가 결국 책에 화를 냅니다. 이 아이에게 책은 적합한 미디어가 아닌 거예요. 저는 여전히 종이책이 좋습니다. 손에 잡히는 물성이 좋고,

페이지를 넘길 수 있고 꽂을 수 있으니까요. 그런데 다음 세대는 "검색이 안 돼? 그걸 어떻게 봐?"라고 합니다. 이런 차이는 각자에게 너무 중요합니다. 여러분의 생각대로만 판단하면 안 되는 이유입니다.

이들 디지털 네이티브를 가리켜 '네이티브 프로듀서'라고도 합니다. 그전까지는 창의적 활동이 그림을 그리거나 글을 쓰는 정도였다면, 이들은 디지털 디바이스를 이용해 멀티미디어를 만들고 그걸 기반으로 더 많은 창의활동을 자연스럽게 해오고 있습니다. 중학교에 다니는 저희 아이는 최근 졸업작품전을 메타버스 플랫폼인 개더타운에서 열었습니다. 아이와 친구들은 각자가 만든 멋진 작품들을 디지털에 전시하고, 아바타로 전시장에 방문한 학부모들에게 기쁘게 설명해 주었습니다.

일하는 방식도 이처럼 바뀔 테니, 조직은 새로운 방식으로 산출된 결과를 어떻게 조합해서 전체 큰 목표를 달성할 것인지 고민해야 합니다.

예를 들어 직장인이 일하는 기존의 방식은 사무실에 물리적으로 출근해서 하는 것입니다. 그래서 다들 회사가 있는 건물에 갔죠. 그러다 문득 내 업무는 데이터로 만들어서 제공하는 건데 반드시 출근해야 하는가 하는 의문이 생깁니다. 이번에 우리 사회가 대대적으로 재택근무 실험을 해보고 얻은 깨달음입니다.

한국사회에서 재택근무는 2019년 4분기, 즉 코로나19 직전까지는 사실상 존재하지 않던 단어였습니다. 여기서 존재하지 않는다는 뜻은 사전에는 있지만 실체가 없는 단어라는 뜻입니다. 이를테면 유니콘 같은 거죠. 기껏 쓰여도 '비트코인' '소자본' '투자' 같은 단어와 함께 나왔습니다. 주로 불법 다단계 같은 글들에 재택근무가 쓰였다는 거죠. 거꾸로 말하면 '재택근무'라는 말이 나오자마자 우리는 그 글을 믿고 걸러왔습니다. 그건 위험한 방법이고 낚이면 곤란하니까요.

이처럼 우리 사회에 수용되지 않던 재택근무를 이번에 상당수의 건실한 기업들이 먼저 도입했습니다. 심지어 해외의 큰 기업들은 코로나가 종식되어도 본사 건물을 물리적으로 두지 않고 재택근무를 유지하려는 움직임을 보이고 있습니다. 팬데믹 기간 동안 재택근무를 해보니 성과가 떨어지지 않았거든요. 마이크로소프트가 낸 보고서에 따르면, 개발직군이 집에서 일하는 경우와 회사에 나와서 일하는 경우의 성과 차이가 없었습니다. 개발직군에 한정한 연구이긴 하지만 다른 기업에서도 물리적으로 만나지 않더라도 업무 보는 데 지장이 없었고, 심지어 더 높은 성과를 내는 경우도 있었습니다. 한 기사에서는 40% 이상 출장 비용이 줄었지만 업무에 문제가 없는 것으로 평가되어 코로나 이후에도 출장

예산을 편성하지 않겠다는 기업이 늘고 있다 합니다.

이런 결과가 나오면 그다음에는 자연스럽게 '반드시 출근할 필요가 있는가?'라는 질문이 나오겠죠. 그러면 회사는 직원들이 출근했을 때와 하지 않았을 때의 전체적인 손익 비교를 해볼 것입니다. 아시는 것처럼 마이크로소프트 본사가 있는 미국 워싱턴주의 부동산 압박은 상당합니다. 집값이 뛰면 직원들의 생활에 필요한 최소임금 수준도 올라갑니다. 구글이 초봉으로 12만 달러나 지불하는 이유는 인근 주거비용이 월 3000달러 이상인 경우가 흔하기 때문이라 합니다. 그만큼의 비용이 직원들의 월세로 빠져나가는데, 만약 이들이 캘리포니아가 아니라 한적한 아리조나 주에 산다면? 나아가 미국이 아닌 인도네시아 발리에 산다면? 이보다 더 낮은 급여로도 삶의 질이 올라가겠죠. 직원도 행복하고 회사도 비용을 줄일 수 있을지 모릅니다.

다시 말해 그동안 우리가 가졌던 전제, 즉 반드시 회사에 출근해야 한다는 통념이 제거되면 효율을 추구하는 상상은 끝도 없이 나아갈 수 있습니다. 재택근무가 우리 사회에 받아들여진다면 앞으로 어떤 일이 벌어질까요? 출근하지 않아도 된다면, 사무실은 필요한가요? 나아가 어느 회사는 직원 복지를 위해 전세자금이나 월세를 보조해주기도 하는데, 그게 꼭 필요한 일일까요? 많은 기업이 출퇴근 교통비를 지원하는데, 과연 필요한가 하는 의문이

들기 시작하죠. 더 나아가 굳이 얼굴 보면서 일하지 않아도 된다면, 반드시 같은 나라에 있는 사람을 뽑을 필요도 없습니다. 이런 식으로 생각이 계속해서 확장됩니다.

처음에는 많은 분들이 이런 말을 했습니다. 재택근무는 한시적인 비상대책이니 코로나가 끝나면 예전으로 돌아갈 거라고요. 그러나 제가 보기에 경제적 측면만이 아니라 복지 측면에서도 재택근무를 둘러싼 논쟁이 앞으로 치열해질 것입니다. 막강한 대안으로 메타버스까지 등장한 마당이니 말입니다. 출발선의 원칙이 무너지면 매 단계의 기준이 바뀌기 때문에, 혁신이 확산됨에 따라 변화하는 것들을 계속 주목해야 합니다.

나아가 지금은 천재가 짠 코드가 수억 명에게 혜택을 줄 수 있고, 한 명이 만든 에러는 엄청난 피해를 낳을 수 있습니다. 그전에는 마치 1마력처럼, 한 사람이 하루에 움직일 수 있는 에너지의 총량이 제한돼 있으니 생산성도 일정할 것이라 생각했습니다. 그래서 일당을 받았죠. 그러나 이제는 창의성과 그에 따른 성과가 균등하지 않다는 게 여러 산업에서 목격되고 있어요. 그렇다면 더 나은 솔루션을 제공하는 조직에서 일하고 싶어 하는 더 생산성 높은 인류가 존재할 것이므로, 부가가치가 높은 분야부터 재택근무에 대한 수용성이 높아질 수밖에 없습니다. 그들의 요구에 부합하는 환경을 제공하지 못하면 우수한 분들을 고용하지 못할 것이고, 전체 조직의 성과도 떨어질 테니까요.

지금까지는 집합된 건물에 함께 모여서 얼굴을 보고 일했다면 이제는 발리에 머물면서 일할 수 있습니다. 양양에 있을 수도 있죠. 이런 식으로 업무방식이 바뀔 수 있어요. 업무의 산출물이 바뀌고 결과물을 내는 방식도 바뀌면 그에 따라 구성원들을 어떻게 배려할 때 일을 잘할 수 있는지도 바뀌게 될 것입니다. 누구는 평소대로 출근할 것이고, 누구는 치앙마이에 한 달 있겠다며 백팩 메고 떠날 수도 있겠죠. 우리의 업무를 돕는 시스템과 설비 또한 네트워크로 가상화되고, 플랫폼으로 움직이기 시작할 것입니다. 디지털 디바이스의 역할이 커지면서 이제는 내가 가는 곳이 사무실이 될 테니, 특정 공간에 대한 귀속감이 예전만큼 필수적이지는 않을 수 있습니다.

의심받는 관행

이처럼 빠른 변화에 적응하려면 굉장히 큰 에너지가 듭니다. 지금 우리는 각자가 모두 나름의 전투를 벌이고 있는 것 같아요. 매일 생존을 위해 적응의 몸부림을 치고 있는 것이죠. 그에 따라 기존의 불합리한 관행과 마찰이 생기기도 합니다. 특히 변화가 급격할수록 기존의 관성과 부딪치기 마련입니다.

우리가 주목해야 할 중요한 변화의 시금석 하나는 격렬한 변화에 힘들게 적응하려 노력하면서 기존의 믿음에 대한 의구심이 커진다는 것입니다. 단적으로 드러나는 것이 재택근무를 둘러싼 직원과 관리자의 인식 차이입니다. 일종의 힘겨루기 이슈이기도 합니다.

재택근무가 시행된 초창기에 직책별로 만족도를 물은 설문조사가 있었습니다. 그랬더니 사원, 대리는 꽤 긍정적으로 답한 반면 고위직 관리자일수록 효율적이지 못하다고 답했습니다.

재택근무로 김 대리의 업무효율성이 올라간 이유는 출퇴근 시간이 사라지고, 다른 사람의 방해 없이 일할 수 있어서입니다. 여기에는 상사의 이런저런 지시도 포함됩니다. "김 대리, 잠깐 나 좀 도와줘요. 이 파일을 수정하려면 어떻게 해야 하지?" 이런 식이죠. 내 일이 아닌 남의 일 수발을 들던 시간과 수고가 사라져서 좋다는 것입니다.

그렇다면 상사들은 왜 재택근무가 좋지 않다는 걸까요? 집에서 일하는 데 적응이 안 되고 집안일과 뒤섞여 업무효율이 떨어진다는 고충도 있습니다. 그런데 한 가지 눈에 띄는 이유가 있었습니다. '대면 보고가 원활하지 않다'는 것입니다. 업무 이야기는 얼굴 보고 해야 하는데 그게 안 된다는 거지요.

문득 예전 기억이 떠올랐습니다. 기업에 전자결재 시스템이 도입되기 시작할 때 다들 종이 사용량이 줄어들 거라 예상했습니다. 그런데 막상 해보니 전혀 그렇지 않았습니다. 김 대리가 전자결재를 올리면 부장님은 그걸 굳이 종이로 뽑아오라고 시킵니다. 그걸 읽어본 다음 빨간펜으로 고쳐주면 수정해서 다시 올리라는 거였죠.

자신의 업무가 직원들이 하는 일을 감시감독 지도편달하는 것이라 규정하는 분들은 현재의 변화가 당혹스러울 수밖에 없습니다. 눈으로 볼 수 있는 지근거리에 있으면 감시할 수 있는데, 각자 흩어져 보이지 않으면 확인할 수 없으니 일종의 조바심 내지 공포심이 생깁니다. 직원이 일을 잘하고 있는지 못 미더운데, 막상 일을 잘하면 관리자인 내가 필요 없어질까 걱정된다는 글이 올라오기도 합니다. 그래서 직원이 열심히 일하고 있어야겠지만 내가 독려할 여지가 있도록 조금은 느슨하게 하기를 바라는 애매한 상태에 빠지는 것입니다.

평상시에는 이 심리가 뒷짐 지고 다니며 직원들 모니터를 들여다보는 사무실 순시로 나타났다면, 재택근무에서는 시도 때도 없이 확인해보는 것으로 바뀌었습니다. 메신저라는 훌륭한 채널로 자꾸 물어봅니다. "김 대리, 지금 뭐 하고 있나요?" "보고서 3쪽 쓰고 있습니다." 이때 김 대리의 응답이 늦으면 의심합니다. 자리

비우고 논다는 거죠.

사내 메신저는 몇 분 동안 컴퓨터에 입력을 하지 않으면 초록불이 노란불이나 빨간불로 바뀌는 기능이 있습니다. 색이 바뀌자마자 득달같이 부장님이 말을 붙이니 지치고 열받은 김 대리는 앱을 깝니다. 이름이 'Zarianbium(자리안비움)'입니다. 주기적으로 마우스를 흔들어주어서 상대편 메신저에 자리비움 상태로 표시되지 않도록 해주는 앱입니다. 실로 엄청난 창과 방패의 대결입니다.

이런 꼼수가 난무하는 것은, 결과가 아니라 과정을 팔고 있기 때문입니다. 직원이 차를 마시건 음악을 듣건, 성과를 내면 무방하지 않을까요. 그런데도 직원에게 근면함을 요구하며 과정을 관리하려고 하니 벌어지는 일입니다.

시스템이 바뀌어도 사람이 바뀌지 않으면 소용이 없습니다. 같은 변화 앞에서도 사람마다 수용성이 다릅니다. 서로의 욕망이 다르기 때문이에요. 환경 변화가 상수라면 우리의 욕망은 변수가 되기 때문에 같은 변화라도 그 결과는 각기 다른 양태로 나오는 것입니다. 변화에 맞는 새로운 규칙을 합의하기가 쉽지 않은 이유입니다.

그런데 이번에 상당수의 조직이 강제로 재택근무를 해봤습니다. 사장부터 신입사원까지, 수용성이 높건 낮건 어쩔 수 없이 다해본 거죠. 재택근무가 마뜩지 않았던 관리자들도 초반의 혼란

"출근을 꼭 해야 하나요?"

"학교에 꼭 가야 하나요?"

기를 거쳐 새로운 제도에 어느 정도 적응합니다. 성과가 떨어지지 않았으니 적어도 재택근무를 거부할 명분은 사라졌습니다. 그러면서 전체적인 공감대가 형성되면 코로나 이후에도 다양한 근무 방식을 전향적으로 고려할 수 있겠죠. 합의가 빨라져 생활의 변화나 기술의 수용이 당겨지는 것입니다.

생각의 지반이 흔들린다

우리가 그동안 재택근무를 기피했던 이유는, 그럴 필요가 없었다기보다는 해보지 않았기 때문이었던 것 같습니다. 그동안 계속 만나왔으니 누군가가 '안 만날 수도 있지 않을까?'라고 의문을 품어도 '굳이 왜?'라고 하는 거죠. 마치 하루 세 끼를 먹고 밤에는 잠을 자는 것처럼 우리 몸에 익은 자연스러운 관습이었던 것 같습니다. 관습은 삶을 안정적으로 이어주는 노하우이자 버릇이어서, 그것을 깨려면 사고의 체계를 바꾸어야 합니다. 쉽지 않죠. 게다가 재택근무에 대한 부정적인 선입견도 있었고요. 그러다 이번에 해보니 해볼 만하다는 걸 실감한 것입니다.

이런 변화가 비단 재택근무뿐일까요?

'학생은 학교에 가야지'라는 믿음은요? 온라인 교육이 대신했습니다.

또 있죠. 노동하지 않는데 돈을 주는 건 온당치 않다는 것이 우리 사회 많은 이들의 믿음이었습니다. 그래서 기본소득제를 반대하는 여론도 만만치 않았고요. 그러나 이번 재난으로 생계의 어려움에 직면한 이들이 많아지자 전격적으로 재난지원금을 지급했습니다. 복지를 넘어 생존의 차원이 되자 합의가 빨라진 것입니다.

이렇듯 우리가 알던 믿음이 하나둘 흔들리고 있습니다. 내가 어딘가에 고용되면 그 울타리 안에서 평생 보상받을 것이라는 항구적 약속이나 그에 대한 고마움 역시 더이상 유효하지 않음을 우리는 알고 있습니다. 종신고용이라는 과거의 묵시적 계약이 무효화되기 시작한 것입니다.

저는 이를 '가치관의 액상화液狀化, liquefaction'라 표현합니다. 액상화란 지진이 일어난 후 지반이 약해져서 기존의 건물이 서 있을 수 없을 정도로 흔들리는 상태를 말합니다. 지금 우리의 생각, 기저의 가치관이 마치 지진이 일어난 후처럼 흔들리고 있습니다.

이게 왜 중요하냐면, 이 변화가 다른 것도 바꾸기 때문입니다. 전제가 흔들리면 다 바뀌기 때문입니다.

따지고 보면 원격 업무를 가능케 하는 시스템도 이메일이니 스카이프니 이미 다 마련돼 있지 않았나요? 그걸 사용할 명분과 합가치관의 액상화 liquefaction.

우리가 알던 믿음이 마치 지진이 일어난 후처럼

하나둘 흔들리고 있습니다.

이 변화가 다른 것도 바꿀 것입니다.

전제가 흔들리면 다 바뀌기 때문입니다.

의가 없었을 뿐. 그러다 이번에 대대적으로 시도해본 것을 계기로 혜택을 느낀 이들이 새로움을 받아들이고, 우리의 문화 또한 새로운 시도에 상당 부분 유연해질 겁니다. 그러면서 이런 형태의 일하는 방식을 수용하는 문화가 자리잡고 프로세스가 변화할 수 있도록 조직도 변신을 요구받을 것입니다.

대면방식 또한 마찬가지입니다. 굳이 만나고 싶지 않다는 생각은 늘 있었는데, 지금까지는 대안이 없어서 만나왔죠. 그러다 바이러스 때문에 만나지 않을 이유가 만들어졌습니다. 단적인 예가 회식입니다. 코로나19로 회식이 없어지다시피 했습니다. 워라밸 문화가 확산되면서 이미 몇 년 전부터 꾸준히 줄고 있었는데 코로나로 직격탄을 맞은 것입니다.

흥미로운 건 그 와중에 '홈파티'는 늘고 있다는 사실입니다. 회식과 홈파티 모두 가까운 이들이 모여 식사하는 행위인데, 어떤 건 줄어드는데 어떤 건 증가했습니다. 그래서 구체적으로 어떤 상황에서 회식과 홈파티가 등장하는지 살펴보았더니 이런 장면이 나왔습니다.

사회적 거리두기 때문에 재택근무를 하던 직원들이 몇 주 만에 출근했습니다. 오랜만에 얼굴 보니 반갑죠. 그래서 부장님이 얘기합니다. "아이고, 그동안 잘 지냈죠? 우리 부서 사람들 오랜만에 보니 반갑네요. 이따 업무 끝나고 다 같이 맥주 한잔 어때요?"

그러자 팀원이 말합니다. "부장님, 저희도 그러고 싶지만 아직은 조심하는 게 좋으니, 나중에 코로나 다 끝나면 회식해요." 그래서 부장님이 아쉬워했는데, 퇴근길에 식당을 지나다 보니 자기 빼고 팀원들이 다 모여 있더라는 슬픈 이야기입니다.

코로나가 부른 변화를 많은 분들은 '비대면'이라고 하지만, 앞에서 말씀드린 것처럼 저는 '선택적 대면'이라고 표현하고 싶습니다. 똑같이 회사 사람들이 모이는 것이라도 부장님과 함께하는 수직적인 형태의 회식은 싫지만, 팀원들끼리 격의 없이 어울리는 수평적인 모임은 좋다는 속내가 나와버린 것입니다. 이 경우에는 코로나 바이러스가 폭탄주를 돌리고 건배사를 강요하는 부장님을 제거하기 위한 핑계로 쓰인 거죠.

2차 노래방도 줄었습니다. 회식 2차는 노래방 가는 게 정해진 코스였는데, 1차 회식도 하지 않는 마당에 2차가 웬 말인가요. 그래서 회식과 함께 나오는 노래방은 몇 년째 줄고, 대신 혼자 노래 부르는 코인 노래방이 뜹니다. 2차 노래방은 '스트레스'였는데, 혼자서 가는 노래방은 좋아서 가는 것이니 '재미있다'는 말이 따라 나옵니다.

코로나 바이러스가 이 모든 변화를 몰고 온 건 아닙니다. 이미 일어나고 있던 변화죠. 누적된 욕망을 바이러스가 마지막으로 건

드린 거예요. 이미 무거운 등짐 위에 마지막 깃털이 떨어져 나귀의 허리를 부러뜨린 것입니다.

혼자 가는 코인 노래방은 산업에서 코로나 이전부터 선택적 대면 욕구를 수용하고 있었음을 보여줍니다. 삼겹살집에 1인용 불판이 생기기 시작한 것도 몇 년 전부터 관측되던 변화입니다. 점심때도 팀이 우르르 몰려가서 밥 먹는 게 아니라 원하는 메뉴를 따로 먹거나 개인 용무를 보며 각자 시간을 보내기 시작했습니다.

이 변화 하나하나가 산업이 될 수 있고, 우리가 준비해 소비자에게 줄 수 있는 배려가 될 수 있습니다. 이런 변화를 섬세하게 측정할 수 있다면 신사업 준비나 홍보의 방법도 좀 더 날카롭게 벼릴 수 있으므로, 관찰은 우리 업의 중요한 출발점이 아닐까 합니다. 우리 삶은 다양한 변화를 언제나 겪고 있으므로 관찰하는 작업을 꾸준히 해야 합니다. 그를 통해 우리의 업을 현재의 변화에 맞춰가야 합니다.

더욱이 어느 변화든 처음에는 조짐이 작았다가 나중에 커지죠. 그러므로 조짐이 작을 때 미리 인식하고 그 작은 욕망까지 수용할 수 있다면 나중에 욕망이 팽창했을 때 자산으로 만들 수 있습니다. 그러니 변화의 작은 부분을 간과하지 마시고 계속 계측해서 변화의 그래프를 그려가시기 바랍니다.

비대면non contact**이 아니라**

선택적 대면selective contact

처음부터 다시 생각할 때

코로나가 이 모든 변화를 가져온 게 아니라면, 지금의 변화를 있게 한 근원적인 이유가 있을 듯합니다. 언제나 변화는 있었고, 단지 훨씬 빨라졌을 뿐이라면요. 실제로 혁신이 축적되면서 각자가 몸담은 업의 변화도 너무 크고 빨라져서 발 맞추기 힘들 정도입니다.

"PA 퍼널PA funnel에서 프로퍼티스properties가 정확하지 않을 때에는 스펜딩spending으로 역추적해줘야 합니다. ROAS 중심으로 판단하든 CVR로 하든 시퀀스를 메트릭으로 받지 못할 거면 액티비티 클래스피케이션 모델activity classification model을 리그레션 베이스regression based로 하든 KNN으로 하든 SVM으로 하든 소용없어요."

무슨 말인지 아시겠습니까? 퍼포먼스 마케팅 하는 분들이 최적화를 위해 어떻게 모델링할지 설명하는 내용입니다. 상당히 어렵죠. 같은 마케터라도 해당 업무를 하지 않으면 이해하기 어려운 생경한 용어투성이입니다. 마치 "담낭암 진단을 받아 1차적으로 간문맥색전술Portal vein embolization을 시행한 후 2차로 확대우간절제술Extended Right hemihepatectomy을 시행했습니다"같이 의사가 동료 의사에게 의학용어로 설명하는 수준이에요.

제가 보기에 지금 모든 일이 다 어려워지고 있습니다. 공채로 신입을 뽑아 순환보직을 돌리던 시절에는 어떤 업무도 사내교육을 받으면 할 수 있었습니다. 그러나 지금은 일상적으로 처리해야 하는 모든 일들이 어려워지고 있어요. 전문화되는 것입니다. 숙련도와 해박함이 없으면 내 직무를 하기 어려워지고 있어요. 그만큼의 시간을 축적하지 못하면 나의 전문성을 설명하기 어렵게 사회가 바뀌고 있다는 얘기입니다.

그리고 시장이 확대되면서 이제는 호미를 아마존에서도 팔 수 있게 됐습니다. 호미 만드는 사람이라면 판로가 늘어나니 일단은 좋겠죠. 대신 아마존의 랭킹 모델을 이해해야 해요. 예전에는 호미를 팔고 싶으면 장터에 나가 목청 높여 호객을 하면 되었는데 지금은 세계화, 플랫폼화되었기 때문에 내가 아무리 작은 일을 하더라도 그만큼의 전문성을 갖추지 못하면 경쟁이 어렵습니다. 요구받는 역량의 깊이가 깊어지는 것입니다.

그뿐 아니라 가상화되기 시작했죠. 비대면, 무인화 등이 가속화되면서 우리 상품의 장점과 훌륭한 조건을 다양한 형태로 제시할 수 있어야 합니다. 예전처럼 만나서 소통하고 설득하지 않게 되면서 어떻게 나의 의견을 정돈하고 전달하고 협업할 것인지도 새로운 고민거리로 올라오고 있습니다.

여기에 자동화가 더해집니다. 기계와 협업할수록 우리는 수고

로움을 덜 수 있지만 직업적 안정성은 예전 같지 않을 게 분명합니다. 그럴 때 인간은 어떤 형태의 일을 할 것인지가 새로운 도전 과제가 되고 있습니다. 기존의 교육 시스템과 개인의 경쟁력을 어떻게 새로 확보해야 할까요?

그리고 기본적으로 지금은 저성장 시대입니다. 이제는 과거처럼 무한 확장이 어렵고, 지구온난화 등 환경 이슈 때문에라도 예전과 같은 대량생산과 대량소비를 지양하고 있습니다. 이제는 헐값에 많이 파는 대신 더 정교하게 경쟁력을 다듬어서 부가가치를 높여야 합니다.

이처럼 많은 이유로 우리의 삶이 바뀌고 있습니다. 그러다 보니 기존 방식에 잘 적응했던 분들이 당황합니다. 새로 커리어를 시작하는 분들이라면 이 변화를 유연하게 받아들일지 모르지만, 전환기 또는 성숙기에 접어든 분들에게는 기존의 커리어 경쟁력이 와해됐을 때 어떻게 새로운 경쟁력을 얻을지가 새로운 숙제로 남게 됩니다.

어느 커뮤니티에 올라온 글을 보니 "저 같은 꼰대들은 한 번에 다 순장되는 겁니다"라고 하더군요. 재택근무를 하면 개인별 업무 성과가 정확하게 측정되니 입으로 일하던 월급루팡은 다 죽고, 사내정치도 안 통할 거라는 글의 결론이었습니다.

2021년 1월에 올라온 글입니다. 1년 가까이 재택근무 방식을 시행해본 결과, 그게 통한다는 걸 파악한 거죠. 스스로를 꼰대라 하는 것을 보니 연차가 어느 정도 되는 관리직일 텐데, 재택근무 체제에서 '관리자'로서 자신이 얼마나 어떻게 기여하는지를 생각했겠죠. 자신의 기여가 줄어들었을 때 어떤 평가를 받을지도 충분히 유추할 수 있을 테고요. 지금 이분은 자신이 일하지 않고 있었음이 드러나는 게 곤혹스러운 거예요. 그러나 저 문장은 틀렸습니다. 순장은 같이 죽는 건데, 저분은 혼자 사라질 터이니까요.

지금까지 팀 안에서 백지장에 손만 대고 있던 사람들의 실체가 드러나기 시작했습니다. 함께하는 것 같지만 안 했던 사람들이 적지만은 않을 겁니다. "바쁘시죠?"라는 인사말을 입에 달고 살지만 정작 본인은 안 바쁜 사람들 말입니다.

위 게시글의 교훈은, 일을 하자는 것입니다. 더 정확히는, 나의 생산성을 입증하기 위해 앞으로 어떤 일을 어떻게 할지 생각하라는 거예요. 바이러스와 세계대전을 벌이는 와중에 우리 각자는 생존을 위한 분투도 치열하게 치러내고 있습니다. 자영업자도 직장인도 마찬가지입니다. 기존의 관성이 깨졌기 때문이죠. 관성이 있으면 실행하면 되는데, 이제는 관성이 무너졌으므로 실행하기 전에 생각을 해야 합니다.

그런데 여러분, 일상에서 생각을 많이 하십니까? 생각이란 사실 몹시 피곤한 행위입니다. 더욱이 생각은 혼자 하고 끝나는 게 아니라 사람들과 협의하여 그중 가장 나은 것을 선택하는 과정까지 포함되는데, 이 단계까지 생각하는 사람은 그리 많지 않습니다. 그런데 지금은 실시간 생각할 것을 요구받고 있어서 힘든 것입니다.

최근 중국에서 스마트농업 경진대회가 열렸는데, 데이터 과학을 들고 나온 대학생들이 베테랑 농부를 이겼습니다. 초보자가 이긴 것입니다. 베테랑 농부도 잠은 자야 하거든요. 우리가 아는 농가월령, 즉 언제 씨 뿌리고 언제 수확한다는 스케줄은 전체적인 것이어서 그날그날의 세부 일정과 문제해결은 대부분 경험칙으로 풀어냈죠. 그런데 이제는 토양이나 날씨가 달라지는 수준을 넘어 기후가 바뀌고 있어요. 전대미문의 지구온난화 때문에 베테랑 농부의 지혜가 예전만큼 힘을 발휘하지 못합니다. 크고 작은 변화를 촘촘히 바라보고 심지어 24시간 지원할 수 있는 시스템이 당연히 더 유리하겠죠.

기후변화 앞에 이제 베테랑 농부는 어떻게 해야 할까요? 농사를 포기해야 할까요? 이것이 비단 농업에만 닥친 일일까요? 참고로 경연에 참여했던 대학생들은 대회 종료 후에 그 모델을 들고 창업을 했다 합니다.

기존의 관성이 힘을 쓰지 못하면, 새로운 변화에 적응하는 사람과 그렇지 못한 사람들 간의 격차가 만들어집니다. 미국 노동부 장관을 지낸 로버트 라이시Robert Reich UC버클리 교수는 코로나 팬데믹이 새로운 형태의 계층화를 심화할 수 있다고 우려했습니다. 그가 언급한 새로운 계층은 4가지로, 첫째는 원격층The Remotes입니다. 공간 제약을 받지 않는 전문적 기술이 있는 사람들입니다. 필요한 자원이 모두 디지털에 있어서 노트북만 있으면 일할 수 있죠. 온라인으로 일할 수 있는 투자자, 개발자들은 비대면 세상에서도 어려움이 없고 심지어 더 많은 부를 축적할 수도 있습니다.

두 번째는 필수적 일을 하는 사람들The Essentials입니다. 공공서비스를 하는 분들은 일자리를 잃을 염려는 없지만 위험한 환경에 더 많이 노출되기에 더 힘든 시간을 보낼 수 있습니다. 의료서비스 종사자가 단적인 예죠.

세 번째는 실직자The Unpaid들입니다. 이번 코로나에 외식업이나 여행업은 일자리가 줄어서 많은 분들이 힘들어했습니다.

이것만으로도 심란한데, 더 무섭게도 마지막 계층이 있습니다. 바로 잊혀진 층The Forgotten, 아예 보이지 않는 사람들입니다. 수감자, 홈리스, 무국적 노동자 등은 의료공백으로 생계의 레벨이 아니라 생존까지 위협받는 상황입니다.

이처럼 어려운 상황에 놓인 이들이 늘어나면 누가 이들을 책임질 것이냐는 이슈가 나오죠. 아마도 '공공'이 되겠죠. 공공이 포괄하는 영역이 단순히 어려움에 대한 지원이 아니라 생존까지 확장될 확률이 높습니다. 그에 따라 사회의 시스템은 더 큰 정부를 지향할 수 있고, 따라서 세금이 증가하리라는 것도 충분히 유추할 수 있습니다. 이건 정해진 수순이니 예측도 아니고 이해의 영역입니다. 말하자면 더 큰 정부와 재원이 필요하다는 새로운 사회적 합의가 나오는 것입니다. 증세가 되면 우리가 낸 세금이 어떻게 쓰이는지 감시하려 할 거예요. 계속 부담이 늘기 때문에, 그 부담에 대한 정당성을 요구하게 될 것입니다.

이것이 전체적인 움직임이라면, 생존에 내몰린 개인들은 어떤 해법을 찾을까요? 자신의 일을 분산시킵니다. 종신고용이나 전일제 근무를 지양하고 여러 가지 일을 조금씩 수행하는 접근법입니다. 최근 직장인들이 배달 서비스를 한다는 뉴스도 많이 나오죠. 쉬는 시간에 잠시, 퇴근길에 잠시 배달한다는 이야기들. 예전에는 배달을 힘들고 부가가치 낮은 일이라 폄하했다면, 이제는 오히려 고급 승용차를 몰고 배달하는 광경이 펼쳐집니다.

이런 식의 긱이코노미가 예전에는 없었나요? 있었죠. 직장인이 파트타이머부터 시작해서 파워블로거, 유튜버 등 다양한 정체성을 추구하는 것은 더이상 하나에 올인할 수 없기 때문입니다. 올인은 보상체계가 충분하고, 그 시스템이 항구적이어야 가능합니다. 그런데 지금은 조직도 기관도 생존을 보장할 수 없습니다. 환경변화도 빨라서 올인이 힘들어지고요. 그래서 한 바구니에 담지 않는 포트폴리오 전략이 생존에도 적용됩니다. 다양한 정체성이 폄하되지 않고 권장됨에 따라 실제로 그런 사람들이 늘고 있습니다. 다양한 정체성은 오늘날의 사회변화에 잘 적응하고 있다는 증표인지도 모릅니다.

공통의 경험, 더 큰 상상의 가능성

이런 변화는 결국 우리의 한정된 자원을 어디에 배정할까에 대한 합의로 이어지고 발전됩니다. 합의가 이루어질 때 우리 개개인의 적응 시도는 공동체의 새로운 약속, 규칙이 됩니다.

합의는 저절로 만들어지지 않습니다. 공감이 있어야 합의가 돼요. 그런 이유로 사람들에게 어떻게 공감을 일으킬 것인가는 커뮤니케이션에서 굉장히 중요한 테제가 됩니다. 그런데 이번에 우리는 공통의 경험을 하면 합의가 좀 더 수월해진다는 것을 이해했습니다.

경험은 개인의 가치관이나 의사결정에 굉장히 소중한 인풋이 됩니다. 공통의 경험은 집단의 가치관과 의사결정의 중요한 인풋이 되고요. 예컨대 세대를 정의하는 중요한 사건이 있고, 그 사건을 겪은 이들이 했던 공감은 다른 세대와 차이가 날 수 있어요. 미국의 '침묵세대'는 1925~45년생으로 대공황, 매카시즘, 2차 세계대전의 경험이 깊고, 1946~64년생인 베이비부머는 베트남 전쟁, 인권운동, 케네디 암살, 우주 탐험이 성장기의 중요한 경험이었다 합니다. 그 뒤를 잇는 X세대는 베를린 장벽 붕괴, MTV, 걸프전 등이 중요한 역사적 사건이었고, 밀레니얼은 9·11 테러, 소셜미디어 등장, Y2K 등이 충격적인 경험이었다는 것이죠. Z세대는 경기 대침체, ISIS, 동성 결혼 합법화, 최초의 흑인 대통령이 중요한 인풋이 되었다네요.

이러한 성장기의 경험이 개인의 가치관을 형성하는 하나의 기반이 되고, 일단 가치관이 형성된 후에는 다른 세대 간의 합의가 아무래도 쉽지 않다는 이야기가 있습니다. 영화 〈포레스트 검프〉에는 미국 현대사의 주요 장면이 담겨 있어서, 해당 사건사고를 다 알아야 메타포나 스토리를 오롯이 이해할 수 있습니다. 이 영화를 Z세대가 온전히 즐기기는 쉽지 않겠죠. 한국 영화 〈국제시장〉도 마찬가지여서, 많은 장년층이 이 영화를 보며 '그땐 그랬지'라며 회상에 젖지만, 젊은 세대에겐 그저 흥미로운 옛날이야기일 겁니다.

한국의 장년층이 추억하는 '그때'는 어땠을까요? '한강의 기적'을 이루기 위해 다 함께 협력하고, 때로는 노동권이 저해되는 부분도 감내해야 한다는 암묵적, 명시적 압력이 있었습니다. 한국인의 특성으로 꼽히는 '빨리빨리' 또한 이 시기에 자리잡혔죠. 아무것도 없던 시절, 지금 고생하면 나중에 아들딸이 잘 살 수 있다는 논리로 뭐든 열심히, 많이, 빨리 했습니다. 부가가치가 지나치게 저평가되어 제값을 받지 못하는 경우가 비일비재했지만, 그럴수록 빨리 만들어 많이 팔아 충당했죠. 그래서 어떤 일이 벌어지냐면, 오래 일하는 것이 미덕인 양 숭상됩니다. 밤 10시에 퇴근하는 김 대리는 훌륭한 직원이라 칭찬받습니다. 설령 게임을 하다 갔더라도 훌륭해요. 늦게까지 있었으니까요.

지금은 어떤가요? 자동화로 사람이 아니라 로봇이 일을 합니다. 노동에 대한 과거의 정의와 지금의 정의가 달라지고 있습니다. 개개인의 역량에 따라 부가가치가 천차만별로 달라집니다. 그러므로 이제는 열심히 하는 게 아니라 잘해야 하는데, 이 구조를 따라가기 어려워하는 사람들이 적지 않습니다. 바로 성장기에 개발시대의 논리를 교육받은 기성세대죠. 여전히 한국은 OECD 국가 중 노동시간으로 수위를 다툽니다. 이미 경제성장의 기울기가 완만해졌는데도 아직도 급격한 성장에 맞는 과거의 방식을 놓지 못하고 열심히 하라고 합니다. 그러다 보니 어떤 문제가 생기나요? 고속성장에 대한 기억이 없는 사람들과 갈등이 생기죠.

그때는 그랬는데 지금은 아니라면 제도와 시스템 그리고 적응의 노력 자체가 바뀌어야 합니다. 그리고 이때, 우리가 한 지금의 공통 경험이 소중한 인풋으로 쓰일 수 있습니다. 공통의 경험은 공통의 상상을 가능케 하기 때문입니다.

유발 하라리는 인간에게 흥미로운 형질이 있다고 했습니다. 바로 허구를 믿는다는 것입니다. 심지어 허구를 집단적으로 함께 믿는다는 것이죠.

예컨대 배를 타고 바다를 건너다 풍랑을 만나 사랑하는 가족과 친구, 물자를 잃으면 당연히 상심하게 됩니다. 그때 상심한 채로 무력감에 빠지면 다시는 배를 만들고 탐험에 나설 수 없겠죠. 그때 인간은 무엇인가 설명하려 노력합니다. 이런 식이에요. '아마도 우리가 모르는 절대존재가 바다 밑에 있는데, 우리가 했던 일이 마음에 들지 않아 경고하려고 배를 침몰시킨 것이 아닐까. 우리의 목숨과 재물을 보존하려면, 그분이 원하는 대로 착하게 살고 제물을 바치면 어떨까.' 그렇게 해서 심청이 인당수에 몸을 던지게 되는 것입니다.

이처럼 인간은 내가 설명할 수 없는 현상을 설명하려 노력합니다. 그래야 안온감을 느끼고 두 번째 세 번째 시도를 할 수 있으니까요. 존재하지 않는 것에 대한 공통의 믿음을 가진 덕에 협력할 수 있고, 화폐나 국가 같은 것을 만들어 더 큰 문명을 이룰 수 있으며, 그 덕분에 근육도 변변찮은 인류가 이 행성의 지배종이 되었다는 이야기입니다.

여기서 핵심은 '공통'입니다. 종이에 그림을 그려서 돈이라고 했을 때, 혼자 믿으면 교환이 안 되고 모두 다 믿어야 화폐로서 교환되고 가치가 보존되는 거죠. 이게 바로 '공통의 상상collective imagination'이라는 개념입니다.

중요한 점은 경험과 상상력이 같은 지점에서 출발한다는 것입니다. 이번 코로나 팬데믹은 단기간에 전 인류에게 공통의 경험을 하게 했습니다. 여기에 따른 우리의 대응과 그에 따른 반향은 앞으로 사회를 바꾸는 데 엄청난 추진력이 되겠죠.

자신의 가치관을 의심하라

생각해보면 우리 삶에는 크고 작은 변화가 너무 많습니다. 변화는 필연적이고요. 다만 좀 더 힘들어진 건 변화의 속도가 빨라졌기 때문입니다.

변화는 중립적이어서 그 자체가 좋거나 나쁜 것은 아닙니다. 내가 준비를 해놨으면 기회가 되고, 그렇지 않으면 위기가 될 뿐입니다. 그렇다면 사회 변화를 불평하는 것보다는 준비하는 자세가 필요하지 않을까요. 변화의 속도가 빨라진다면 각자는 더 먼저 가 있으려는 노력을 해야 합니다. 옛날은 좋고 지금이 나쁘다고 한탄할 게 아니라, 그저 내가 준비할 수 있을지, 우리가 지혜로운 합의에 이를 수 있을지 고민하는 게 옳을 듯합니다.

예를 들어 코로나를 계기로 우리는 유연근무, 재택근무, 원격지 근무 등의 제도를 시험해봤고, 새로운 방식을 전향적으로 받아들여야 한다는 것을 느꼈습니다. 그러면 준비해야죠. 어떤 동료와 어떻게 함께할지 정하고, 새로운 방식을 받아들여 조직문화에 녹이고 지원할 수 있는 시스템을 갖추는 노력이 요구될 것입니다.

우리는 머릿속에 목표를 그릴 때 으레 출발점과 결승점이 일직선으로 뻗어 있는 길을 상상하지만, 현실의 길은 함정투성이입니다. 한국은 1997년에 외환위기로 한 번 와해되었죠. 그다음 2008년에는 미국발 서브프라임 모기지론으로 촉발된 경제위기가 있었고요. 다시 이번에는 코로나 팬데믹이 왔습니다. 네 번째는 뭐가 나올까요? AI나 로보틱스, 메타버스는 어떤 변화를 만들게 될까요?

이 모든 형태의 변화가 인류에게는 진보를 위한 역경이거나 동기가 될 수 있지만 개인에게는 넘어야 할 거대한 산처럼 다가올 것입니다. 그때마다 어떻게 변화에 적응하고 각자의 역량과 경쟁력을 유지시킬 것인지가 우리가 해야 할 가장 중요한 일이라고 생각합니다.

가장 먼저, 본인의 가치관을 의심하시기 바랍니다. 어떤 건 앞으로도 유효하겠죠. 어떤 건 아닐 수도 있습니다. 그러니 관행적으로 해왔던 행동을 다 지켜야 한다는 강박은 버리시기 바랍니다. 새로운 시대에 필요한 건 남기고 아닌 것들은 이번에 과감하게 다시 정의해보자는 마음가짐이 우리가 변화와 위기에서 얻은 소중한 경험이자 기회가 아닐까 합니다.

그리고 합의를 위한 출발점을 정말 잘 정의해야 합니다. 그걸 못하면 그다음 세대에 예기치 못한 혹은 예상을 뛰어넘는 큰 변화를 넘겨주게 됩니다.

1997년 외환위기를 겪으며 한국사회에 비정규직이 일반화되었습니다. 그 전만 해도 전화를 받아주는 콜센터 직원들도 다 정규직이었어요. 노동이나 처우에 차이가 적었죠. 그러다 큰 위기를 맞았으니 비주력 업무는 외주화를 통해 유연하게 만들자는 얘기가 나왔습니다. 당시에도 사회적 저항이 컸지만 어찌됐든 시행되었고, 그 후 정규직과 비정규직의 격차가 점점 벌어져 이제는 정규직을 얻기 위한 분투가 사교육에 대한 열망을 부추기고 그에 따른 갈등이 사회에 큰 부담으로 작용하고 있습니다. 1997년의 의사결정이 시간이 지난 후 우리 사회에 어려움으로 작용한 부분이 없지 않다는 것입니다.

비슷한 예가 2008년 글로벌 금융위기에도 있었습니다. 미국의 서브프라임 모기지 때문에 일어난 금융권 이슈였고, 그러다 보니 해결책도 양적완화였습니다. 많은 화폐가 일시에 풀린 거죠. 그러자 안전자산에 과도한 자금이 몰리면서 버블이 생겼습니다. 지금 한국의 아파트 가격이 무척 높습니다. 정직하게 일해서 받은 월급으로 내 집을 마련할 수 있다고 믿는 사람이 줄어들 수밖에 없습니다. 이 때문에 사회가 불안정해지고 우리의 행복감이 저하됩니다.

합의의 기준을 '공존'으로 두어 모색해보면 어떨까요? 인간은 군집생활을 통해 적응해온 종입니다. 따라서 상대에 대한 배려가 우리 종이 생존하는 데 가장 중요한 형질이라는 사실을 잊으면 안 됩니다. 전체가 공존하기 위해 각자에 대한 배려를 키운다는 전제가 현명한 합의를 가능케 할 것입니다.

다행히 우리 사회는 충분히 훌륭하고 똑똑한 합의 시스템을 갖추고 있고, 나아가 훌륭한 기술이 등장해 우리를 도울 수 있습니다. 기술이 사람의 일자리를 없애기만 하는 게 아니라 더 나은 삶을 만들어줄 수 있을 것입니다. 그렇게 하여 인간에게 부여된 더 많은 자유가 더 많은 창의적 변화를 가능케 할 수도 있지 않을까요.

변화는 중립적이어서 좋은 것도 나쁜 것도 없습니다.

내가 준비했으면 기회가 되고,

그렇지 않으면 위기가 될 뿐입니다.

ADAPTATION

3

적응
생각의 현행화

우리 삶에 어떤 일이 일어나는지, 어떤 변화가 있을지 알고 나면 다음 질문이 따라올 것입니다. 그러면 나는 어떻게 적응할 것인가? 적응을 다른 말로 하면 현행화입니다. 즉 변화된 상황에 대한 현행화죠.

환경이 바뀌면 규칙이 바뀌어야 합니다. 우리가 합의해서 만들어놓은 기존의 규칙이 있는데, 각자의 생각이 변화하면 생각의 합인 상식common sense도 변화하므로 새로운 규칙이 필요하죠. 이것이 여기서 말하는 현행화입니다. 맥락에서 짐작하시겠지만 현행화는 '누적된 경험'이 많은 분들에게 특히 중요한 주제입니다. 사회생활을 시작한 지 오래되지 않은 분들은 과거의 경험보다 현재의 경험이 더 크기에 업데이트가 그다지 필요 없겠죠. 반면 기존의 규칙에 잘 적응했던 분들은 새로운 규칙을 재설정하는 현행화가 반드시 필요합니다.

여기에는 개인뿐 아니라 사회의 시스템과 제도, 관행의 현행화도 포함되므로 사회적으로 그런 합의를 어떻게 만들어갈 것인지 고민해봐야 합니다. 작게는 지식을 업데이트하는 것에서부터 새로운 협력방식을 합의하는 과제도 있을 테고, 크게는 지구온난화 이슈도 있습니다. 이 모든 것에 적응해야 합니다, 그것도 평생. 우리 삶의 목표가 있는데 환경변화도 계속되므로, 그에 맞춰 꾸준히 전략을 수정하며 피보팅pivoting해야 합니다.

현행화,

현재를 유지하는 게 혁신입니다.

떠밀린 적응

최근 '생존' '의무 수행' '자아' 등의 단어가 온라인상에 많이 보이고 있습니다. 말씀드린 대로 '홈'도 떴고요. 커피 마시고 고기 굽는 행위는 으레 밖에서 하던 것들인데, 이미 많은 이들이 삼겹살집에 가는 대신 고기를 사와서 집에서 요리하고 있습니다. 이미 말씀드린 커피머신은 물론이고요. 각종 플랫폼과 디바이스의 도움으로 집 안팎의 시공간 경계가 사라지고 있습니다.

이런 변화가 가전회사에는 기회가 될 것입니다. 반면 회식에 최적화된 오피스 타운의 삼겹살집에는 위기가 되겠죠. 이렇듯 적응하는 사람과 그렇지 못하는 사람 사이에 격차가 만들어집니다.

퀵서비스 기사들은 휴대폰을 서너 대씩 가지고 다닙니다. 이분들은 개인사업자여서 여러 업체에서 일을 받을 수 있어요. 그래서 일을 주는 업체 하나하나마다 다 안테나를 세우고 있어야 합니다. 그래야 콜을 많이 받으니까요. 말하자면 N개의 휴대폰은 나의 경쟁력을 높여주는 수단입니다. 이만큼의 기능을 사용하지 못하는 분이나 여러 대의 디바이스에 투자를 못하는 분은 그만큼 일을 못 받겠죠. 모든 사람이 택시를 앱으로 호출하게 된다면, 앱에 익숙하지 않은 기사들은 돈벌이가 막히는 것입니다.

제가 얼마 전에 만났던 택시기사는 80대 중반이었는데, 1969년에 처음 택시 운전을 시작했다고 했습니다. 반백 년이 넘는 시간 동안 택시 운전을 하신 거예요. 그 세월 동안 9대를 폐차했다는 그분이 재미있는 말씀을 하셨습니다. 지금 운전하는 마지막 택시를 산 이유가 새로 나온 전기차가 흥미로워 보여서라는 것입니다. 80대 중반에 전기차를 몰고 충전하는 행위를 즐겁게 하셨습니다. 물론 택시 앱으로 콜을 받고 신용카드로 결제하면서요.

이분처럼 기술에 대한 수용성이 있으면 생존 가능하고, 그렇지 않으면 도태되는 것입니다. 똑같은 일이 다른 영역에서도 얼마든지 일어날 수 있습니다. 기술의 수용성이 생존과 연결된 사회에서는 모든 사람들이 새로운 변화를 배우지 않을 도리가 없죠. 그래서 누구든 무엇이든 배우게 됩니다.

나아가 최근 택시기사들이 매우 친절해졌다는 평이 사람들 사이에 자자합니다. 친절해야 콜을 먼저 받을 수 있거든요. P2P로 만들어진 서비스 플랫폼은 서로가 서로를 평가할 수 있어서 에어비앤비를 이용하려도 굿게스트가 되고 슈퍼호스트가 되어야 좋은 숙소와 손님을 소개받을 수 있는 것처럼, 택시도 같은 길을 걷고 있습니다. 열심히 노력해서 내 평판지수를 올려야 합니다. 해야 하니까 적응하게 되는 것입니다.

친절해지면 좋죠. 그만큼 우리 사회의 따뜻함으로 올라갈 수도 있을 테고요. 그러나 감정노동의 압박으로 다가올 수도 있습니다.

겉으로는 무뚝뚝한 '츤데레형' 택시기사들은 콜을 못 받을 수도 있어요. 별점이 4점 이하면 콜에서 배제되거나 1, 2초 늦게 오는 경우가 생길 수 있습니다. 아시는 것처럼 오픈마켓에서 1, 2초의 차이는 엄청납니다. 코로나 잔여백신을 노리며 알림 메시지를 클릭해보신 분들은 다 알 것입니다. 전 한 번도 성공 못했습니다.

작은 경쟁력 저하가 개인에게 치명적으로 다가오기 때문에라도 친절함을 강요하는 사회가 되는 것입니다. 그 변화를 수용하지 못하는 택시운전사들은 이제 운행을 할 수 없을지도 모릅니다. 이런 시스템을 내가 어떻게 수용할 것인가에 대해 고민해봐야겠죠. 그것이 나의 적응력, 곧 생존력이 될 테니까요.

선명한 데이터, 명확한 합의

위기가 있으면 항상 변화가 찾아옵니다. 위기가 거대하면 개인을 넘어 인류 차원의 적응이 시작되고요. 생존을 위해 노력을 경주하는 거죠. 그런 노력이 기존에는 있기 어려웠던 거대한 투자를 독려하기도 합니다. 예를 들어 제트엔진이나 대륙간 탄도미사일ICBM, GPS 등은 전쟁에 승리하기 위해 했던 투자의 산물이지, 민간기업이 수익을 노리고 개발한 것이 아닙니다. 이처럼 우리 삶을 윤택하게 하는 기술이 사람을 죽이는 기술에서 출발한 경우가 허다합니다. 전쟁을 통해 문명이 발달하다니 인류사의 커다란 아이러니입니다. 거대한 위기에 따른 우리의 대응이 문명을 발달시키는 촉매가 된 것입니다.

이번 바이러스와의 전쟁에서도 mRNA 백신을 적용해 신속한 백신 개발 및 대량생산이 가능했습니다. 이처럼 짧은 기간에 백신을 개발해 상용화한 것도, 엄청난 위기가 닥치면 그에 버금가는 투자를 하는 게 우리 인류사에 합의돼 있었기에 가능했습니다.

굳이 이렇게 의미부여를 하는 이유는, 모든 바이러스에 인류가 지금처럼 대응하지는 않았기 때문입니다. 에볼라 바이러스는 1976년 처음 발견되었지만 30년 넘도록 이렇다 할 백신이 없다가 2017년에야 효과성 있는 백신이 나왔습니다. 치사율이 매우 높은 심각한 질병이지만 바이러스의 피해를 입는 지역이 주로 서아프리카로 한정되었고, 불행히도 경제적으로 낙후된 나라들이어서 백신을 개발하고 판매하는 선진국에 있는 이들에게는 위협적이지 않았기 때문 아닌가 싶습니다. 그 이유로 나에게 체감이 안 되었기 때문에 투자가 일어나지 않은 것입니다. 반면 코로나 바이러스는 전 세계적으로 움직여 선진국들도 심각한 타격을 입으니 단기간에 거대한 자금이 투자되면서 불과 1년 만에 인류는 백신을 맞을 수 있게 된 거죠.

이 밖에도 코로나라는 크나큰 위기를 극복하기 위한 인류의 다양한 노력이 시도되고 있습니다. 그런데 문제는 결과를 입증하기까지 시간이 부족하다는 것이었습니다. 가설을 세우고 하나씩 실험한 다음 그 결과를 보고 결론을 낸다면 더 확실하겠죠? 그러나 바이러스와의 싸움은 시간이 없어요. 이렇게 급박한 상황이 되면 시도하고 결과를 검증하는 것이 아니라, 논리적인 의사결정 체계를 기반으로 유추하는 형태로 가기 마련입니다. 과거 및 현재의 데이터를 토대로 성공 확률을 높이는 작업입니다.

즉 시행착오를 거칠 시간이 없을수록 중요한 것은 과학기술과 이성적 사고입니다. 기존에 축적된 과학기술이 있고, 이를 바탕으로 성공 확률을 높이는 이성적 사고가 필수입니다.

런던의 콜레라 창궐 이후 존 스노우 박사가 역학을 발전시킬 수 있었던 것은 세균의 존재도 몰랐지만 데이터를 통해 상수도가 원인이라는 것을 유추해낸 데에서 출발합니다. 우리의 희망인 백신도 아시는 대로 천연두라는 치명적인 질병을 막기 위한 제너 박사의 종두법이 출발점이었어요. 이 모든 것을 한 사람의 위대한 업적으로만 바라볼 것이 아니라, 인류가 생존을 위해 투쟁해온 역사에 남은 시행착오trial and error의 집합체로 보는 것이 맞을 듯합니다. 그간의 성과를 바탕으로 효과성을 유추한 것입니다.

아울러 공통의 합의를 이끌어낼 쉬운 설명 또한 필수입니다. 거대한 혁신이 이루어지려면 협업이 필요한데, 협업이라는 건 정서적 공감만으로는 이루어지기 어렵습니다. 전체 인류가 의사소통을 통해 각자 가지고 있는 지성과 지식을 합쳐야 하므로 논리적 설득이 요구됩니다.

이를 단적으로 이해할 수 있는 예제로 오른쪽의 아름다운 다이어그램이 있습니다.

일명 로즈 다이어그램이라 불리는, 데이터 분석하는 이들에게는 꽤 유명한 그림입니다. 누가 만들었냐면 플로렌스 나이팅게일이에요. 이분을 한국에서는 어릴 때 읽었던 위인전의 영향으로 대개 '백의의 천사'라 기억하는데, 사실 이분은 통계학자이자 전략가이기도 했습니다.

그는 크림전쟁 당시 야전병원에서 일하며 어떤 이유로 청년들이 사망하는지 보았습니다. 그런데 놀랍게도 전투 중에 부상을 입어 즉시 사망하는 사람보다 후송된 병원에서 질병으로 사망한 경우가 더 많다는 사실을 발견했습니다. 당시 위생이라든지 야전병원에 대한 지원이 매우 열악해, 중상이 아니어도 처치가 제대로 이루어지지 않아 2차 세균감염으로 죽은 사람이 많았던 것입니다.

이를 관찰한 나이팅게일은 전쟁터의 무기를 강화하는 것도 중

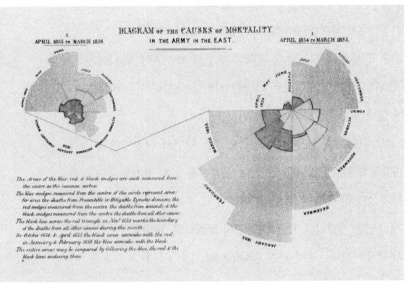

플로렌스 나이팅게일, "Diagram of the causes of mortality in the army in the East" (1858)

요하지만 그보다 병원 시설을 확충하는 것이 더 많은 인명을 구할 수 있음을 입증했습니다. 어떻게 입증했냐고요? 실제로 창고를 부수어 물자를 꺼내고, 여러 독지가 및 본인의 사재를 털어 의료시설에 투자하여 사망자가 드라마틱하게 감소한다는 결과를 도출한 것입니다.

이분은 이 사실을 입증할 뿐 아니라, 그 결과를 알기 쉬운 그림으로 만들어서 영국 본토에 보냈습니다. 차트의 각 꽃잎은 매달 전쟁터에서 사망한 숫자를 나타냅니다. 꽃잎 가장자리의 넓은 부분은 질병에 의한 사망자, 안쪽은 부상에 따른 사망자, 나머지 중간 부분은 기타 원인으로 사망한 사람을 뜻합니다. 질병 사망자가 얼마나 많은지 한눈에 드러나죠.

이 차트를 본 영국 의회와 국민들은 당연히 야전병원 투자의 필요성에 공감했습니다. 별것 아닌 자원을 넣는 것만으로도 청년들의 소중한 목숨을 살릴 수 있다면 그 투자가 합당하다는 민의가 수렴된 것입니다. 덕분에 자원이 투입되고, 현대보건학의 기틀이 만들어졌다는 아름다운 일화입니다.

이 그림이 우리에게 중요한 이유가 있습니다.

첫째는 인과의 중요성을 일깨워줍니다. 무엇이 인풋이고 무엇이 아웃풋인지 이해한다면, 인풋을 바꾸는 것만으로도 아웃풋을

교정하거나 변화시킬 수 있음을 알게 해줍니다. 다시 말해 사건이 일어났을 때 그에 대해 정서적으로만 공감하는 것이 아니라 이성적으로 판단해 어떤 환경이나 행위를 바꿔야 미래의 결과를 바꿀 수 있는지 과학적으로 추론한 것입니다.

둘째는 인과를 증명하고 사람들에게 전달하는 작업의 중요성을 일깨워줍니다. 이때는 '쉽게' 전달한다는 게 특히 중요합니다. 복잡한 도표와 논리로 만들어진 논문으로 전달한다면 소수의 전문가만 이해할 수 있겠죠. 그러면 전문가들 사이에서는 인정받더라도 전체 사회의 자원을 사용하기는 어려울 수 있습니다. 공감하지 못한 대다수의 합의를 이끌어내기 어렵기 때문입니다. 그러므로 누구나 이해할 수 있을 만큼 직관적이고 쉬운 형태로 정보를 표현하는 방식이 소중해질 수밖에 없습니다. 그래야만 합의될 수 있기 때문이죠. 이를 최근에는 데이터 비주얼라이제이션data visualization이라는 하나의 학문으로 정의해서 밝히고 있습니다.

제가 봤을 때 정말 훌륭한 사람은, 어려운 얘기를 쉽게 하는 사람이에요. 많은 산업 또는 학문의 전문가들이 그들 사이에 통용되는 나름의 언어를 만들고, 그들끼리는 쉽지만 일반인은 이해하기 어려운 형태의 커뮤니케이션을 합니다. 그리고 정말 나쁜 사람은 쉬운 얘기를 어렵게 합니다. 상대방의 무지 혹은 정보의 격차가 자신의 헤게모니를 키워주기 때문에 일부러 못 알아듣게 말하는 거예요.

공동체의 운명을 결정할 수준의 의사결정이 필요하다면 자신
이 아는 것을 좀 더 쉽게 설명해서 전체 합의가 가능하도록 해야
함을 나이팅게일은 한 장의 차트로 보여주었습니다. 과학기술과
이성적 사고를 바탕으로 한 쉬운 설명, 이러한 설명방식이 앞으로
상당 기간 우리를 매료시키지 않을까요?

위기에서 얻은 게 있다면 : 혁신의 수용성

자, 그럼 우리는 코로나 팬데믹이라는 큰 위기에 어떻게 대응해
왔는지 반추해보겠습니다.

코로나 사태 이후 많은 국가가 질병과 투쟁한 결과를 실시간
보고해왔습니다. 안타깝게도 한 번의 조치로 사태가 종식되지는
않았습니다. 영국은 대다수의 국민이 백신을 맞은 후 안정화됐다
가 델타 변이가 퍼져나갔고, 미국도 백신 접종으로 더이상 격리나
거리두기를 할 필요가 없다고 했는데 곧이어 대유행이 일어나 마
스크를 다시 쓸지 말지 고민하는 모습을 보였습니다. 선진국 가운
데 호주는 사태 초반에 국경을 폐쇄하며 엄격한 봉쇄조치를 취해
방역 모범국으로 분류되었는데, 이런 시스템을 다른 나라가 차용

할 수 있는지에 대해서는 이견이 분분합니다. 호주는 인구가 적고 농축산물 같은 자원의 수출이 산업에서 큰 비중을 차지하는 터라 사람의 이동은 상대적으로 많지 않은 편입니다. 그런 나라에서 했던 전면적인 국경폐쇄가 과연 다른 나라에서도 효과를 낼 수 있는지는 설명하기가 쉽지 않습니다.

이밖에 대만의 마스크 실명제, 한국의 드라이브스루 등 다양한 정책과 아이디어가 동원되었습니다. 모두 각 나라에서 지혜를 짜낸 새로운 시도들이었죠. 그 뒤에 따라오는 결과가 이들 시도의 성패를 설명해줄 테니, 코로나가 종식되고 나면 나라마다 백서가 만들어질 것입니다. 그리고 이들 백서를 종합한 '백서의 백서'가 나오지 않을까요. 코로나가 발생한 환경적 요인과 원인들, 대처와 그에 따른 결과를 모두 기술한 것이 백서라면, 나라마다 각기 다른 시도를 했으니 각국의 시행착오를 집대성한 백서의 백서가 나오는 거죠. 그럼으로써 인류는 좀 더 현명해질 것입니다. 여러 형태의 새로운 시도가 동시에 이루어졌고, 그 결과를 실시간 지켜보았고, 결과에 대한 집합적인 평가가 이루어질 것이기에, 우리가 적어도 똑같은 실수를 반복하지 않을 만큼은 성숙하다면 여기서 얻은 교훈을 인류의 삶을 개선하는 데 유용하게 쓰지 않을까요. 그러기를 희망합니다.

우리나라에서도 의미 있는 시도들이 관찰되었습니다. 남들이 하지 않은 일을 했다는 점에서 그렇습니다. 어찌 보면 당연합니다. 처음 겪는 전대미문의 사건이었으니 대응책도 기존 방법을 따라갈 수 없었습니다. 나아가 과학기술이 발전할수록 새로운 기법이 기존의 방식보다 더 나으리라 기대하기 마련입니다. 즉 과거를 답습하기보다 새로운 시도를 하는 게 무척 자연스러운 상황이었지요.

그런데 이걸 하기 두려웠던 이유는, 최근까지 우리나라가 성장해온 비결이 그렇지 않았기 때문입니다. 제가 어릴 때부터 들었던 고사성어 중 하나로 온고지신溫故知新이 있어요. 옛것을 열심히 익혀서 새로운 것을 만들라는 것이죠. 말하자면 회고적retrospective 방법입니다. 과거로부터 교훈을 얻어 새로운 상황에 대처하는 것입니다.

온고지신의 지혜가 발휘되기 위해서는 예전의 것에 대한 충분한 검증과, 그에 따른 우리 나름의 새로운 방법론이 필요합니다. 그런데 한국은 워낙 개화기 이후 그리고 전후의 삶이 힘들었기 때문에 자체적인 과학기술과 이성적 사고를 발달시킬 기회가 많지 않았어요. 그런 여건에 단기간에 경제성장을 이루는 것이 국가적 목표였던 터라, 과거 우리가 선택했던 전략은 주로 벤치마킹이었습니다. 즉 우수하고 안정적인 기법을 빠르게 수련한 다음 불철주야 노력해서 더 적은 자원으로 더 많이 만들어내는 체제에 익숙했단 말이죠. 요즘 말로 한다면 패스트 팔로워fast follower 전술이라 할 수 있습니다.

그러다 보니 생긴 부작용은, 새로운 것을 하지 않는다는 것입니다. 새로운 걸 한다면 일단 주저함이 생깁니다. 그런 문화에서 교육받았기 때문에 새로운 것을 수행할 때 자신감이 떨어집니다. 시도한다 해도 사회의 수용성이 낮고요.

그런데 이번에 어떤 일이 벌어졌나요? 우리가 그동안 벤치마킹 했던 선진국들이 다 패닉에 빠졌습니다. 그래서 이들의 방식을 가져올 수 없다는 사실을 깨달았을 때 우리는 큰 혼란을 느꼈습니다. 산행을 갈 때 앞장선 대장을 따라가던 사람이 어느 순간엔가 내 앞에 아무도 없다는 걸 알았을 때, 어떻게 헤쳐가야 할지 몰라 일시적으로 공황상태에 빠지죠. 그러나 다행히 한국사람들은 기민하게 대처했습니다. 앞서 몇 차례의 유사한 재해가 있었는데, 그때 제대로 대응하지 못했던 낭패감을 기억하고 있거든요. 그래서 이번에는 재빠르게 움직였습니다. 그리고 논리적으로 말이 되는 것 같으면 전례가 없을지라도 과감히 적용해봤습니다. 패스트 팔로워에서 퍼스트 무버로 변신한 것입니다.

그중 하나가 드라이브스루 및 워크스루 검진입니다. 애초에 문제는 검체를 채취하는 데 드는 소독 시간과 비용이었어요. 밀폐

된 검진소에 검진자가 들어오기 전후로 소독 과정을 거치고 나면 의료진도 지치고 시간도 많이 걸려서 한 시간에 5명도 소화할 수 없었던 것입니다. 폭증하는 검진자를 정해진 시간 이내에 감당하는 건 누가 봐도 불가능했습니다. 그래서 어떤 대안이 가능할까 모색하다 어느 분이 기발한 아이디어를 낸 거죠. 개활지에서는 오염 리스크가 낮으므로 자가용을 탄 채 혹은 야외 시설에서 검체를 채취해 소독 프로세스를 제거한 것입니다.

이 방법은 유례가 없는 터라 오류 확률도, 안전성을 담보할 수 있는 통계적 데이터도 없었습니다. 그럼에도 강행했습니다. 검사 과정에서 추가 감염자가 나오지 않도록 운영에 노력을 기울이면서 말입니다. 이것이 성공적인 방식으로 공인되어 전 세계적인 프로토콜이 되었습니다.

이 작은 성공small success으로 우리에게 어떤 일이 생길까요. 우리 모두가 자신감을 갖게 됩니다. 기성세대들은 박세리 선수의 기억을 떠올려보면 이해하실 것입니다. 한국에 IMF 외환위기가 와서 전 국민이 낙담했을 때, 젊은 선수가 그야말로 선진국 국민이나 하던 스포츠로 미국 땅에서 심지어 메이저 대회에서 세계 정상에 섰습니다. 그때 우리나라 언론은 으레 그렇듯 "한국의 딸, 세계를 제패했다"고 야단이었는데, 사실 그의 우승은 한 번의 쾌거에 그치는 게 아니라 우리가 가지고 있던 콤플렉스를 벗는 시도였다는 데 더 큰 의미가 있습니다. 그때만 해도 프로 골프 같은 종목은 제3세계에서 선수가 나오는 경우도 드물었고 메이저 대회에 출전하거나 입상한다는 것은 꿈꾸기 어려웠습니다. 그런데 박세리 선수가 일종의 금기를 깸으로써 그것이 불가능했던 것이 아니라 그간 아무도 시도하지 않았던 것임을 깨닫게 해주었습니다.

그 성공 이후 많은 후배들이 LPGA의 문을 두드렸습니다. 우리는 그들을 '박세리 키드'라 부릅니다. 한때 LPGA 5위권을 한국계가 독점하는 현상까지 일어났죠. 금기가 깨지자 잠재력 있는 수많은 이들이 시도하고, 그 결과 더 높은 성취가 나올 수 있음을 시간차를 두고 검증한 것입니다.

그런데 이번에는 그 결과가 더 빨리 나왔습니다. 박세리 선수가 1998년에 우승한 후 2000년대 중반부터 박세리 키드의 성과가 나왔다면, 코로나 시국의 드라이브스루나 워크스루는 바로 결과가 나왔습니다. 심지어 다른 나라들, 우리가 그토록 열심히 따라 했던 선진국들도 우리의 방식을 따라 했습니다. 이것으로 우리는 단순히 안전한 방법을 개발한 것뿐 아니라 우리가 새로운 것을 실행할 수 있고, 심지어 논리적으로 설명할 수 있다면 그 성공확률이 매우 높을 수 있다는 자신감을 얻었습니다. 나아가 새로운 시도가 결코 위험한 게 아니라는 안정감도 얻게 되었죠. 결과적으로 혁신에 대한 수용성이 높아진 것입니다. 이 모든 것이 또 다른 시도를 할 수 있는 동력으로 환원될 것입니다.

그러니 만약 기존에 없던 새로운 시도를 할 계획이라면 이 기회를 놓치지 마십시오. 새로운 서비스에 대한, 혁신에 대한 수용성이 높아졌기 때문에 사회적으로도 여러분의 혁신이 기꺼이 공유되고 입증되고 보상받을 수 있을 것입니다.

그래도 여전히 주저한다면, 다른 혁신이 먼저 자리를 차지할지도 모릅니다. 새로운 것이 수용되면 옛것은 버려지기 마련입니다. 매일 옷을 깔끔하게 세탁해서 다려주는 플랫폼 서비스가 나오면 동네 세탁소는 힘을 잃습니다. 동네 세탁소가 감당할 수 없을 만큼의 속도와 가격, 편의성을 선보일 테니까요. 수용성이 높아진 세계에서는 혁신을 통해 새로운 방식을 체득하지 못하면 생존이 어려워질 수 있으므로 과거의 방식에서 빠르게 탈출을 도모해야 합니다. 수용성의 서늘한 이면입니다.

위기에서 얻은 게 있다면 : 이성적 사고

새롭고 과감한 시도를 합의하기 위해 사람들은 한층 적극적인 자세로 토론에 나섭니다. 시간을 들여 미리 검증한 방법이 없으니 우후죽순 새로운 기법들이 시도될 테고, 우리는 어떤 방법이 더 확률이 높을지 깜냥껏 판단해야 합니다. 그런데 혼자 계산하고 판단하는 건 힘드니 토론을 통해 확률을 계산해서 선택하고 싶어 합니다.

여러분도 코로나 백신을 맞을 때 어떤 백신이 나을지 주변 분들과 열심히 토론했을 것입니다. 먼저 맞은 지인에게 물어보고, 외국의 각종 임상사례를 읽어보고, 아예 학회 논문을 읽으며 애써 이해해보려 노력하는 사람도 적지 않았습니다. 왜 그러냐면, 불확실한 세상에서 내가 결정해야 할 나의 중요한 문제이기 때문입니다. 나와 상관 있는 문제의 불확실성을 줄이고 싶은 것은 생명체의 기본 속성입니다. 적응하는 자가 살아남는다는 다윈의 논문처럼, 환경에 더 적합한 형질을 가지고 싶고 생존확률을 높이고 싶기 때문에 불확실할수록 더 많이 고민하게 됩니다.

그 탐색과정이 상당히 과학화되고 있습니다. 코로나 백신에는 바이러스벡터, RNA 등 다양한 유형이 있는데, 처음에는 이를 둘러싸고 온갖 루머가 난무했습니다. 이 때문에 적지 않은 이들이 백신을 거부했고, 그들의 선택이 옳았는지는 나중에 역사가 판정할 것입니다.

제가 들은 루머 중에는 백신에 미국 마이크로소프트의 창립자 빌 게이츠가 칩을 심어서, 그걸 맞으면 내 뇌를 조종할 거라는 내용도 있었습니다. 말도 안 되죠. 이런 게 카카오톡 같은 메신저를 통해 돌았습니다. 예전 같았으면 이런 식의 루머가 끝도 없이 퍼져나가 사람들을 현혹했을 텐데, 지금은 금방 사그라듭니다. 생화학 분야 논문을 근거로 들어가며 사람들이 반박하거든요. 이처럼 수많은 정보가 실시간 검증되면서, 사람들 사이에 과학적 방법론이 자리잡기 시작합니다. 비록 나는 의대 교수만큼의 지식이 없지만 다른 사람들과의 교류를 통해 정보를 축적하게 됩니다.

독서백편의자현讀書百遍義自見이라는 말이 있는 것처럼, 반복해서 읽으면 나도 모르게 그 속의 패턴을 익히게 됩니다. 그래서 우리가 이렇게 짧은 시간에 백신 전문가가 된 거죠. 무엇 덕분에? 바로 소셜 네트워크 덕분입니다. 유튜브, 트위터, 블로그, 인스타그램 등이 수많은 정보의 상호교류를 가능케 합니다. 예전에는 엄청난 이슈가 생기거나 루머가 돌면 TV나 라디오에서 정부 담화문을 발표해 잠재우곤 했습니다. 그것도 한 번 발표로 끝이었고요. 그러나 지금은 수많은 의견과 피드백이 교류될 수 있는 네트워크가 만들어졌습니다. 그중 공감을 많이 얻고 과학적으로 충분히 설명될 수 있는 정보가 우위를 점하고, 이를 기반으로 각자가 스스로 교양을 쌓는 시스템을 확보하게 된 것입니다.

코로나 시국에 유튜브 덕분에 전 국민이 생화학자가 되었다는 농담이 회자됩니다. 생물학도 어렵고 화학도 어려운데, 이걸 합쳐놓은 생화학은 얼마나 어렵겠습니까. 그럼에도 불구하고 전 국민이 전체적인 흐름을 이해할 수 있을 만큼 충분한 시청각 자료가 제공된 덕분에 이런 학습이 가능합니다.

더욱이 이제는 기존처럼 가르치는 것이 불가능할 정도로 정보가 많아지고 있습니다. 가르치는 행위란 정해진 커리큘럼이 있어서 정해진 진도를 나가는 건데, 유튜브만 봐도 세상에 수많은 지식과 그에 따른 엄청난 지혜가 있는데 그걸 어떻게 다 가르치나요. 이제는 내가 배우고 싶은 걸 정의하고, 그것을 스스로 체크해야 합니다. 즉 일방적으로 가르침을 받는 게 아니라 스스로 생각해 배울 범주를 정하고, 그것을 나의 본진으로 삼는 것이죠. 그에 따라 현명해지기 위한 정보를 취사선택할 수 있는 메커니즘을 찾는 작업, 곧 얼개를 만드는 작업이 교육의 역할이 될 테고, 나머지는 매체를 통한 자가학습으로 가지 않을지 조심스럽게 유추해볼 수 있습니다.

이를 통해 우리가 기본적인 과학상식과 이성적 사고를 갖추게 되는 것이 제가 보기엔 바이러스를 극복하는 것보다 더 큰 혜택 같습니다. 바이러스 퇴치가 생존의 차원에 머문다면, 지능화는 일상의 모든 의사결정 확률을 높이는 경로를 만들어주니까요. 즉 무얼 하더라도 생각하고 움직이게 되는 것입니다. 심지어 그 생각은 나 혼자 하는 게 아니라 모두의 머리를 맞댄 결과물이기에 현생인류는 좀 더 현명해질 것입니다.

그간 전쟁 등의 큰 위기가 있을 때 첨단기술을 확보한 일부 국가의 우위가 더 강화되는 모습을 종종 보곤 했습니다. 그러나 소셜 네트워크를 통해 최첨단 지식을 학습하는 것이 가능하다면, 경제력이나 과학기술이 상대적으로 낙후돼 있다 해도 바이러스를 극복하는 것은 충분히 가능할 것입니다.

나아가 반드시 최첨단 과학기술만이 우리 인류를 구원하는가 하는 문제제기도 해봄직합니다. 이번에 코로나를 겪으며 놓쳐서는 안 될 것은, 최첨단 기술이 소중하나 그것 외에 다양한 방법의 유용성도 함께 발견됐다는 것입니다. 투자 대비 효과가 높은 기술이면 되지, 온갖 최첨단만이 소중하다는 게 아닙니다. 몇몇 저개발국가는 오염된 물 때문에 고통받고 있는데, 이들을 위해 거대한 관개시설을 짓고 상수도 시스템을 탑재하는 것보다 오염된 물을 정화하는 필터 기술을 제공하는 게 더 효과적일 수 있습니다. 운영 및 유지비용이 훨씬 적게 들어서 일종의 영구기관처럼 그들의 삶을 지속적으로 개선시킬 수 있거든요. 반드시 첨단기술이 필요한 건 아니라는 것입니다.

일례로 우리는 이번에 마스크의 위력을 실감했습니다. 마스크만으로도 질병의 확산을 막을 수 있다는 걸 안 거죠. 또 하나가 있다면 손 씻기입니다. 저는 강연을 오래 하다 보니 목 상태가 좋은 편이 아닙니다. 예전엔 노래를 곧잘 했는데 지금은 못해요. 그리고 툭하면 감기에 걸립니다. 그런데 2020년부터 한 번도 감기에 안 걸렸어요. 마스크와 손 씻기 덕분이죠. 이 두 가지만으로 20년간 저를 괴롭힌 감기로부터 무려 1년 반이나 면제받은 것입니다. 손 씻는 게 중요하다는 걸 실감했죠.

이걸 이제 알았냐고요? 사실 우리 모두 어릴 때부터 늘 배웠던 것입니다. 밖에 나갔다 들어오면 손 씻으라는 말을 잔소리처럼 들었지만, 또 다른 해야 할 일들에 치이다 보면 마음과는 다르게 놓치는 부분이 종종 발생하곤 합니다. 그래서 손 씻기도 간과했던 것이죠.

게다가 감기의 원인에 대해 지금까지는 복합적 요인으로 인식했어요. 아침에 눈을 떴는데 목이 아프면 그 순간 온갖 가설이 머리를 스칩니다. '어제 추웠나?' '머리를 감고 덜 말렸나?' 아니면 '비타민C가 부족한가?' 이 중 무엇이 진짜 원인인지 모르니 다 해봅니다. 옷을 두껍게 입고 비타민을 챙겨먹고. 그렇게 해서 몸이 나으면 다행이긴 한데, 다음에 또 목이 아프면 이걸 반복해야 합니다. 어떤 것이 원인인지 파악해야 개선이 가능한데, 무엇 때문에 좋아졌는지 모르니까요. 마치 매출이 오르긴 했는데 배너광고 효과인지 이벤트 덕분인지 홍보문구를 바꿔서인지 알 수 없는 마케터의 심정 같기도 합니다.

이럴 때 흔히 하는 게 A/B테스트입니다. 하나만 바꿔본 다음에 결과를 보는 거죠. 말하자면 우리는 코로나를 겪으면서 손 씻고 마스크 쓰는 것만으로도 감기를 없앨 수 있는지에 대해 A/B 테스트를 한 것입니다. 심지어 저만 안 걸린 게 아니라 전 국민이 감기에 안 걸렸습니다. 한국은 건강보험에 상당수 국민이 가입돼 있어서 의료비 통계를 알 수 있어요. 그중 감기에 걸려 병원에 가는 비용이 상당한 비중을 차지합니다. 다른 나라는 진료비가 비싸서 감기 정도는 병원에 안 가고 그냥 약 사먹고 끝내지만, 한국은 워낙 개인부담이 적으니 감기로도 곧잘 병원에 갑니다. 그런데 이번에 감기 환자가 확 줄어서 엄청난 비용과 의료부하가 경감되었다는 걸 확인했습니다.

이성적 판단과 경험이 결합되면 내 삶이 바뀝니다. 이게 가장 소중한 교훈이에요. '하면 좋은 일'은 너무 많죠. 운동을 꾸준히 해야 하고, 친구와 잘 지내야 하고, 사람들에게 좋은 말을 해줘야 하고, 이 많은 걸 다 하기는 어렵습니다. 또 이런 건 하면 좋지만 반드시 해야 한다고 생각하지는 않았던 게 사실이고요. 그런데 큰병에 걸렸던 분들은 건강관리를 열심히 합니다. 건강관리의 필요성과 인과성을 본인이 체험했기 때문이죠. 이번에 전 국민이 모두 다 비슷한 체험을 했고, 그 결과를 수치화했으니 앞으로 손 씻는 문화가 지속될 거라 기대합니다. 적어도 저는 할 겁니다. 저는 감기가 싫으니까요.

과학상식과 이성적 사고를 갖추게 됨으로써
무얼 하더라도 생각하고 하게 될 것입니다.
심지어 나 혼자 하는 게 아니라
모두의 머리를 맞댄 결과물이므로
현생인류는 좀 더 현명해질 것입니다.

과정이 모두 드러난다

이성적 판단이 가능하려면 측정이 중요합니다. 피터 드러커는 일찍이 "측정할 수 없으면 개선할 수 없다If you can't measure it, you can't improve it"라는 금과옥조를 전해주었습니다. 문제가 무엇인지를 정확히 알아야 고칠 수 있는 것이죠. 우리 아이가 수학을 못한다면 집합이 문제인지 연산이 문제인지 알아야 고칠 수 있지, 종합적으로 수학을 못한다고만 하면 결국 수포자로 끝나게 됩니다. 과학적 의사결정의 출발점은 인풋이에요. 측정을 통해 인풋과 아웃풋의 연관관계를 이해해야 이를 기반으로 결과를 유추할 수 있습니다.

다행히 지금은 측정이 쉬워진 세상으로 가고 있습니다. 사물인터넷IoT이라는 개념이 나온 지도 오래됐고, 건물마다 입구에 자리한 체온측정기 같은 디바이스가 저비용에 대량으로 풀릴 만큼 우리는 풍요로운 세상에 살고 있습니다. 무어의 법칙처럼 반도체 용량과 투자비용이 반비례하는 현상이 도처에서 꾸준히 일어나고 있는 거죠. 이렇게 촘촘하게 수치를 잴 수 있는 디바이스가 사방에 놓이고, 이것들이 거대한 그리드로 묶이면 비단 확진자 네트워크뿐 아니라 전 세계 사람들의 체온 변화까지 측정할 수 있겠죠. 그것들은 모두 데이터로 남을 테고요.

이미 우리는 알게 모르게 측정에 익숙해져 있습니다. 주식 하시는 분들은 수많은 차트분석을 하고, 건강에 신경쓰는 분들은 BMI를 측정하거나 스마트워치로 심박수를 체크합니다. 그러다 보니 주식이나 가상자산의 투자를 위해 기영이 매매법, 개구리 매매법, 아빠 코끼리 매매법 등 웃자고 만든 측정법들도 나오는데, 때로는 논리적으로 로또번호를 맞힐 수 있다고 진지하게 주장하는 사이트도 있더군요. 이쯤 되면 과학적 의사결정이라기보다는 미신의 영역으로 넘어가는 것 같습니다.

그래도 다행히 대부분은 과학적 측정을 이성적 판단의 근거로 활용합니다. 제가 아는 분은 스마트워치 덕분에 실제로 위급한 상황을 모면하기도 했습니다. 정작 본인은 건강 이상을 못 느꼈는데 시계를 보니 심박수가 갑자기 높아져서 그 길로 응급실로 가셨던 거죠.

목숨을 살릴 만큼 훌륭한 정보들이 측정되고 있다면 이를 기반으로 인류의 삶이 어디까지 개선될 수 있고, 또 어떤 산업이 새로운 기회를 맞을까요?

예컨대 방금 말씀드린 분은 대학병원에서 평소의 심전도ECG 자료를 요구했다고 합니다. 새로 측정하는 것이 아니라 스마트워치에 이미 축적되어 있는 데이터를 주는 것으로 간단히 해결되었습니다. 부정맥 같은 경우에는 심장내과에 가도 진단이 어렵습니다. 증상이 간헐적으로 나오는 터라 48시간은 측정해야 발견되는데, 외래로 잠시 들러서야 발견이 어렵죠. 대신 매일같이 스마트워치를 차고 있다면 그간 누적된 정보가 있기 때문에 그것을 기반으로 진단할 수 있습니다.

그러면 어떤 일이 벌어질까요? 삶이 바뀌면 산업도 바뀝니다. 예를 들어 어떤 보험사는 앱을 깔고 하루에 1만 보를 걸으면 보험료를 깎아줍니다. 그만큼 운동했으니 건강이 좋아질 것으로 기대할 수 있다는 거죠. 이 상관관계가 입증된다면 당연히 보험료를 깎아도 말이 됩니다. 마찬가지로 여러분의 내비게이션 앱 안전운전지수가 높으면 자동차 보험료를 깎아주는 보험사도 있습니다. 여러분은 안전한 사람이니까요. 이런 측정값들이 모두 합쳐져 금융상품을 설계할 때 도움을 줍니다.

이게 조금 더 가면 이런 일도 벌어질 것입니다. 유전체 검사를 해보니 BRCA1/2 유전자의 돌연변이가 있어 자궁암 및 유방암 발병률이 매우 높다면 보험 가입이 어려워질지도 모릅니다. 보험회사로서는 수지타산이 맞지 않기 때문이죠. 이를 둘러싼 윤리적 논쟁도 있을 테지만, 금전적으로 기업에 손해인 것은 맞으니까요. 그러면 BRCA 유전자가 없는 사람들은 어떨까요? 병에 걸릴 위험이 낮으니 보험을 들 이유가 없습니다. 그러면 보험이 사라지겠군요. 보험이란 건 미래의 불확실성을 기반으로 여러 사람이 상호

부조로 만든 건데, 개인별 미래가 확정된다면 불확실성이 사라지니 보험이 성립될 수 없어요.

그렇게 해서 지금까지 유지되어온 금융시스템에 균열이 생길 때 우리의 안전함을 어떻게 보장받을지도 이슈가 됩니다. 지금까지는 사회안전망의 미비점을 보험이라는 시스템으로 보완했는데, 그 틀이 깨진다면 각자의 생존은 누가 어떻게 담보할 것인가도 새로운 질문이 될 것입니다.

이런 측정은 이제 네트워크에도 연결되기 시작합니다. 앞서 예로 든 대로 룰루레몬은 미러를 인수해 개개인의 홈 트레이닝 동작을 측정하고 관리하는 서비스를 구상하고 있습니다. 즉 네트워크화된 건강관리 시스템을 만든 것입니다. 이렇게 공간과 시간에 관계없이 펼쳐지는 새로운 비즈니스 모델이 나옵니다.

이는 기존 산업엔 재앙이 될 수 있습니다. 동네 헬스클럽이 문을 닫을 수도 있죠. 여러분은 네트워크를 통해 운동하면서 유럽에 있는 사람과 어울릴 수 있지만, 거꾸로 우리 전체의 서비스 수치는 나빠질 수도 있어요. 전 지구적 협업과 교류가 동네 상권까지 연결된다면 나의 안온감이나 직업적 안정성을 어떻게 확보할 것인지 고민해봐야 합니다.

이젠 누구도 속이기 어렵다

코로나 팬데믹에 우리나라도 크고 작은 부침을 겪었지만 그래도 다른 나라처럼 전 국민의 일상이 일시에 중단되는 지경에는 이르지 않았으니 다행이라 생각합니다. 대유행이 다시 일어나지 않도록 서로가 촉각을 곤두세우고 조심하고 있고요. 정부는 매일 추이를 공유하고, 전문가가 아닌 국민들도 추이 분석을 게을리하지 않습니다. 확진자 수만을 단편적으로 보는 것이 아니라 검사수와 확진율, 재생산지수 등 다양한 데이터를 가지고 종합적으로 이야기합니다. 심지어 우리나라 데이터만 보는 게 아니라 다른 나라와 비교하며 우리가 잘하고 있는지 아닌지 토론을 벌입니다.

사람들이 데이터 사이의 중요한 연관성이나 정합성을 충분히 추론할 만큼 똑똑해지고 있고, 나아가 그런 실마리를 누구나 어렵지 않게 복기할 만큼 다양한 데이터가 나오고 있다는 부분에 주목합니다. 즉 결과 데이터만이 아니라 과정 데이터가 보여지고 있는 것입니다.

예전 같으면 한국은 GDP가 얼마, 일본은 얼마 하는 식으로 마지막 데이터로 표현했는데, 지금은 전체를 구성하는 세부 명세가 나오고 있습니다. 단계별 데이터가 남으니 사람들은 단계별 변화에 민감해집니다. 그리고 데이터 사이의 상호작용 내지는 그에 연관된 정보들의 정합성을 따지게 됩니다. 측정 데이터가 완벽한지를 자체적으로 검증하는 새로운 메커니즘이 사방에서 활용되는 중입니다.

일례로 주식 투자를 하는 분들은 투자한 기업의 매출이나 손익을 꼼꼼히 분석하죠. 그 회사 경영진만큼이나 꼼꼼하게 봅니다. '작년에 얼마 벌었지?' 하는 단순한 질문만으로는 내 소중한 투자금을 지킬 수 없으니까요. 다행히 작년 실적이 좋았는데, 그게 만약 연말에 밀어내기를 한 거라면요? 11월까지 죽을 쑤다가 12월에 대리점에 다량의 제품을 떠넘기면 착시현상에 의해 마치 매출이 뛴 것처럼 보일 수 있거든요. 사실은 우리 창고에서 대리점으로 이동했을 뿐인데도요. 나아가 재고가 쌓여 있으면 다음 해 매출이 안 좋아질 테니 이런 식의 매출은 문제가 될 소지가 큽니다. 그런데 지금은 단순히 연 단위가 아니라 월 단위, 주 단위, 일 단위 매출이 나옵니다. 덕분에 밀어내기 같은 잘못된 혹은 수상한 매출은 신뢰를 얻기 어려워집니다.

과정별 데이터가 있으면 데이터 전체의 무결성integrity을 추적하는 건 AI에 의해 너무 쉽게 가능해집니다. 그래서 이제는 속이기가 어려워요. 결과는 어떻게 속인다 쳐도 과정까지 전부 다 끼워 맞추기는 어렵습니다. 거의 불가능하다고 봐야겠죠. 이런 부분들이 연결되어 우리의 삶을 바꾸기 시작합니다. 좀 더 투명한 방향으로요.

같은 맥락에서 우리의 일상도 하나둘 오픈되고 있습니다. SNS는 본질적으로 자신의 어느 측면을 드러내는 활동인데, 우리는 이걸 몇 가지나 자발적으로 합니다. 데이터를 개방하면 하나하나 검증할 수 있어서 이제는 숨을 수가 없습니다.

특히 우리는 코로나를 거치면서 확실하게 경험했죠. 바로 확진자 동선공개로요. 2015년 메르스가 유행할 때 대형병원에서 슈퍼 전파자가 나와 큰 고생을 했습니다. 그때 확진자의 전파경로가 공개되지 않아 문제가 되었기에 이번에는 심하다 싶을 정도로 개인 동선이 공개됐습니다. 확진자가 방문한 곳마다 조심해야 한다는 이유로요.

실시간 동선이 파악되니 거짓말을 못합니다. 어디 갔는지 기억나지 않는다? 그러면 신용카드 내역을 확인합니다. 휴대폰 기지국 자료를 받아봐요. 누구와 함께 있었는지 말하지 않으면 그 지역 CCTV를 열어봅니다. 한국은 사방에 온갖 종류의 CCTV가 깔려 있잖아요. 그러면 누구와 있었는지는 물론 마스크를 썼는지 아닌지까지 다 나옵니다. 그 과정에 거짓이나 숨기는 게 있으면 득달같이 기사화되고, 사람들이 비난하죠.

기사를 보고 누군가를 신나게 흉보다 보면 '혹시 나는?' 하는데 생각이 미칩니다. 잠재적으로 나도 노출될 수 있으니 내 삶을 조심하고 삼가게 됩니다. 그 삼감의 움직임이 올라옵니다. 단계별로 데이터가 투명하게 공개되고, 적발 비용이 줄고, 그에 따라 노출되기도 쉬우니 사람들 스스로 조심하고 규칙을 준수하는 것입니다. 내가 조심하는 만큼 상대방의 일탈에도 자비가 없습니다. 자기검열과 타인검열이 물고 물리면서, 규칙을 준수하지 않는 사람들은 사회적으로 용인받지 못하게 될 것입니다. '마스크 빌런'이라 불리던 분들을 기억해보시기 바랍니다.

　나의 삶이 늘 관리된다는 강박 같은 것이 생기고 통제에 대한 순응성이 높아지다 보면 감시사회로 진입하게 될 위험도 있습니다. 어디를 가든 QR코드를 찍게 됐을 때 실제 이런 비판이 나오기도 했고요. 규칙을 만드는 정교함이라든지 합의의 기준이 충분히 토론되지 않으면 맹목적으로 따르게 되기 쉬워요. 이것이 말하자면 투명성의 위험성입니다. 우리나라에서 많은 사람들이 사용한 동선 추적 앱이 이탈리아에서 실패한 이유이기도 합니다. 앱을 깐 사람이 16.2%에 머물러 추적이 안 되었어요. 프랑스의 경우에는 사용률이 3.3%대에 불과했고요. 이유를 물으니 '개인 자유를 침해하고 감시하는 것이 옳은가?'라는 이야기가 나왔다 합니다. 그들이 보기에 한국은 규칙 준수를 강요하는 압력이 큰 사회인 듯합니다.

투명한 사회, 당신은 얼마나 적응했는가?

데이터를 통해 과정과 결과가 모두 검증 가능해지면 우리의 '일'도 많은 부분이 바뀔 것 같습니다.

어느 강연에서 재택근무에 관해 이야기를 나눌 때 인공지능 분야 연구자가 손을 들었습니다. 코로나 전에는 실리콘밸리 출장을 가면 일주일 동안 업체 두 군데를 만나고 끝이었는데, 출장이 금지된 지금은 하루에 5곳과 미팅을 한다고 합니다. 이 좋은 걸 그동안 왜 안 했지 싶더랍니다.

그러게요. 왜 그동안 재택근무를 안 했을까요? 여러 이유가 있겠지만 그중 하나는 결국 무임승차자가 허용되는 문화도 한몫한 것 아닌가 싶습니다. 각자 일하고 그걸 취합하면 되는데, 조직에는 일을 안 하는 사람도 생기기 마련이거든요. 그러면서 주로 뒤에서 훈장 노릇을 하거나 다른 직원들을 감시합니다. 직원들 입장에서는 노는 사람이 감시까지 하니 두 배로 싫겠군요.

이 이야기를 하니 그 연구자가 예전 직장의 경험을 들려주었습니다. 자기가 엑셀로 자료를 올리면 부장님이 그걸 계산기로 검산했다고 합니다. 엑셀이 틀렸을까 봐 노파심에. 당시 그 부장님의 연봉이 1억이 넘었대요. 밑의 대리들이 보기에 얼마나 황당했겠습니까. 그 부장님은 본인이 입사할 때 일하던 기준에 딱 멈춰서 하나도 업데이트하지 않은 것입니다.

코로나 팬데믹으로 재택근무가 시행되자 세계적으로 여러 가지 천태만상이 벌어졌습니다. 관리자들은 어떻게든 떨어져 있는 직원들을 관리감독 감시하고자 하지만, 새로운 업무형태에 적응한 직원들은 어떻게든 그들 나름대로 자신에게 돌아온 시간의 주도권을 행사하고자 노력합니다. 그중 하나가 수입을 올리는 각종 활동입니다. 아르바이트를 하거나 단기 프로젝트를 수주받아서 프리랜서처럼 움직이는 경우가 종종 눈에 띄었죠.

그중 재미있는 해외 기사를 봤는데, 사무직 종사자들이 두 회사 일을 동시에 해서 연봉을 올렸다는 것이었습니다. 그것도 파트타임이 아니라 전일제로요. 보통은 퇴사하고 이직하는 사이에 약간의 시일을 두는데, 누군가가 어쩌다 보니 두 회사에 겹치기 근무를 한시적으로 하게 됐다고 해요. 그런데 원격으로 일하니 생각보다 어렵지 않더란 것입니다. 그래서 먼저 회사에서 퇴사하는 것을 번복하고 두 회사에서 동시에 일을 했다고 합니다. 이것이 과연 가능한가 싶지만 성공적으로 실행하고 있다니 능력 있는 사람들은 관심을 가지게 됩니다. 온라인상에 노하우를 공유하는 사람들이 모이고, 세무나 회계 같은 처리를 어떻게 할 것인가 하는 정보도 나눈다고 합니다. 이쪽 일을 저쪽으로 보고하는 실수만 저지르지 않는다면 관리자의 의심을 피해 해볼 수도 있겠지요.

이 이야기를 듣고 '나도 한번 해볼까' 생각하는 분도 있을지 모르겠습니다. 그러나 앞으로는 재택근무를 해도 시간의 주도권을 행사하지 못하게 될 가능성이 있습니다. 바로 메타버스 때문에요. 최근 대학 축제도 메타버스에서 열리고 수업도 메타버스에서 하죠. 메타버스 안에 구현된 사무공간에서 업무를 수행하는 시도가 늘면서 미래 근무형태의 대안으로 제시되고 있는데, 이 방식은 생각보다 관리감독이 치밀할 수 있음이 하나둘 증명되고 있습니다.

제가 아는 어느 교수님이 논문지도를 하면서 대학원생들에게 차례로 발표할 테니 아침 9시까지 메타버스 연구실에 들어와서 앉아 있으라고 했답니다. 그에 대한 학생들의 반응이 흥미로웠습니다. 평소에는 조금 늦기도 하고 발표 때도 대충 앉아 있어도 됐는데, 메타버스 공간에 나의 아바타와 교수님이 보이니 제 시간에 와서 의자에 정자세로 앉게 되더라고 합니다. 가상공간과 실제 공간 사이에 인지적으로 혼동이 일어난 거죠.

그뿐 아니라 그 공간에서 각자가 어떤 일을 하는지 다 들여다볼 수 있으므로, 오히려 사무실에서 일하면서 짬짬이 누렸던 딴짓의 여유마저 사라질 가능성도 적지 않습니다. 이렇게 되면 회사가 앞장서서 메타버스를 도입할지도 모르겠군요. 이 또한 투명성이 가져올 일의 변화인 것 같습니다.

비슷한 예제가 또 있습니다. 미국의 누군가는 회사 일을 외주로 줬다가 적발됐다고 합니다. 상당히 고액연봉을 받는 직종인데, 재택근무를 하면서 자기 일을 고스란히 인도에 있는 사람에게 넘긴 것입니다. 결과적으로 그 직원은 일을 안 하고 중간에서 돈을 번 거죠. 회사도 그 사실을 몰랐다가 인도에서 로그인한 기록이 있어서 보안에 문제가 생긴 줄 알고 점검하던 중에 알게 됐다고 합니다. 그러면 이 회사는 어떻게 할까요? '인도에 외주 주면 되겠네' 하고 생각하게 될 겁니다. 심지어 결과물도 좋았다고 하니까요.

이런 일들이 도처에서 벌어지고 있습니다.

월요일에 김 사원이 올린 장표를 박 대리가 광속으로 이 과장에게 토스하고, 이 과장은 3일간 잊고 있다가 김 부장에게 넘기고, 김 부장은 그걸 곧장 상무에게 올립니다. 상무님은 "역시 3팀이 최고!"라고 칭찬했는데, 실상은 3팀이 아니라 김 사원이 만든 것입니다. 아무도 안 고쳤어요. 심지어 이 과장은 3일이나 묵혀놨고요. 이들이 이른바 무임승차자이자 딜레이를 만든 장본인입니다. 실제로 들은 얘기예요. 이걸 제가 어떻게 듣게 되었을까요? 그 회사 인트라넷에 모든 과정이 다 남아 있기에 가능했을 것입니다. 그러면 회사는 어떤 결정을 내리겠습니까? 중간은 다 빠져라, 이

나는 규칙을 지켰다.

당신은 지켰는가?

나는 과정의 충실함을 다했다.

당신은 다했는가?

렇게 됩니다.

단계별로 증거가 남기 시작하면, 과정의 충실함을 평가할 수 있습니다. 그 투명성을 기반으로 성실함의 가치가 재정의될 것입니다. 무임승차자가 사라지고 일의 단계가 줄어들겠죠. 그러면 중간의 무임승차자는 어디로 갈까요? 그리고 처음 기안한 김 사원에 대한 보상체계는 어떻게 조정될까요? 최근 많은 조직에서 공평보다 공정을 요구하는 흐름이 왜 형성되었을까요?

지금까지는 업이 각자의 기여가 모여서 분해되지 않는 공동작업이었다면, 이제 단계별로 분해되면서 이런 일이 벌어진 것입니다. 앞으로 단계별 프로세스화가 더욱 가속화될 테고, 평가와 보상 또한 시스템으로 이루어지겠죠. 결국 규칙으로 가게 될 확률이 높습니다. 단 막무가내의 규칙이 아니라 데이터를 기반으로 한 의사결정이 이루어질 테니 평가와 보상에 대한 항변도, 누군가의 강요나 순응도 통하지 않게 될 것입니다. 회사 선배를 '형님'이라 부르고 저녁에는 소주를 마시면서 "내가 널 키워줄게. 나만 믿고 따라와" "잘 이끌어주세요" 하는 문화가 사라지는 것, 직급을 통폐합하고 서로를 '프로'라 부르는 것, 각자가 동료로 움직이고 개인평가를 하고 서로의 연봉을 알지 못하게 하는 것, 성과급으로 빠르게 전환되는 것 모두 이런 변화의 징후입니다.

이처럼 규칙을 기반으로 인간의 일이 점차 창의적인 것으로 집중된다면, 역설적으로 회사는 점차 규칙을 만들지 않게 될 것입니다. 창의적인 사람은 규칙에 저항하니까요. 타율적 인간을 만드는 건 무척 쉽습니다. 뭘 하지 말라고 하면 돼요. 반면 창의성을 키우려면 규칙을 과감히 배제해야 합니다. 규칙이 없는 대신 규칙을 스스로 내재화할 만큼의 양심과 창의성을 가진 이들만 뽑게 될 테고, 궁극적으로 본인을 스스로 관리할 수 있는 자율적 인간만 남지 않을까요?

흔히 밀레니얼은 규칙을 선호한다고 하지만, 그것은 약속의 역할을 하는 것이지 창의성을 제어하는 규칙이 아닙니다. 입사할 때 '무엇을 하면 되는데?' '얼마 줄 건데?' '어떻게 줄 건데?' 등에 대해 규칙을 정하고, 그에 맞춰 일한다는 마인드입니다. 단순히 회사 일이니 그만큼만 하겠다는 자세라기보다는, 애초에 회사의 급여체계나 보상체계가 경직돼 있기에 그에 맞게 대응한다는 측면도 있습니다. 더러는 노동강도가 높은데도 구성원이 헌신적으로 임하는 회사도 있으니까요. 스스로가 좋아서 하는 일은 규칙을 따지지 않고 한다는 거죠.

문제는, 이런 변화를 많은 사람이 수용할까 하는 것입니다. 그렇지는 않을 것 같아요. 달라진 세상에서 누구나 적응을 요구받고 있는데, 왜 누구는 유난히 적응이 어려울까요? 이유가 있습니다.

첫째, 기존의 법칙이 항구적일 거라 믿기 때문입니다. 세상이 변화하는데도 눈 감고 귀 닫고, 한마디로 생각하지 않고 관성처럼 예전의 방식으로 살기 때문입니다.

둘째, 세상이 변화하는 동안 내 경쟁력의 현행화를 꾀하지 않았기 때문입니다. 안타깝지만 어쩔 수 없습니다. 그만큼 일에 대한 나의 전문성이 떨어졌다는 뜻이니까요. 요즘에는 순수예술 하는 사람도 포토샵 같은 소프트웨어 사용법을 배웁니다. 나의 작품을 더 잘 표현하기 위해 필요한 도구가 되었기 때문입니다. 예전에는 몰라도 상관없었지만, 지금은 디지털 디바이스가 기본 툴이 되었기 때문에 배우지 않을 수가 없습니다. 툴에 대한 숙련도는 일에 대한 준비성, 현행화의 기본 요소입니다.

셋째, 지금 이 시스템이 최대한 유지되기를 희망하기 때문입니다. 이 정도면 순진하거나 무능한 게 아니라 사악한 거예요. 실제로 기업 강연을 가서 사회가 투명성을 요구한다는 말을 하면 정년이 얼마 안 남은 분들에게서 꼭 이런 말이 나옵니다. 그렇게 쉽게 안 바뀐다고요. 강연에서 현행화와 적응이 중요하다고 아무리 열심히 말해도 나중에 식사하며 대화해보면 어떤 화제를 꺼내든 결국엔 '3번 아이언'으로 대화가 흐르는 분도 봤습니다. 나는 골프를 안 친다고 백번 말해도 소용이 없었습니다. 그것 말고는 관심도 아는 것도 없으니 그 얘기밖에 안 하는 거죠.

이런 이유들로 시스템의 변화를 무시하며 버티는 이들이 있습니다. 문제는 그분들은 그렇다 쳐도 그다음 세대는 그럴 수 없잖아요. 그래서 그다음 세대의 분들이 클레임을 거는 것입니다. 회사에서, 사회에서 일어나는 신구의 크고 작은 갈등은 단순한 세대갈등이 아니라 각자의 입장이 다른 거죠.

2020년 초반에 마스크 쓰는 것을 둘러싸고 크고 작은 갈등이 있었습니다. 마스크를 쓰는 사람과 안 쓰는 사람 간의 신경전 같은 거였죠. 마스크를 거부하는 이들 중에는 상대적으로 기성세대가 많았습니다. 그분들은 지하철에서 마스크 제대로 쓰라고 하면 '왜 이래?'라는 반응을 보였습니다. 규정은 규정이고, 현실에서는 상황 봐가며 적당히 해도 되지 않느냐고 생각한 것입니다.

이들의 오류는, 규칙 준수에 대한 우리 사회의 압력을 얕잡아 본 데 있습니다. 야간 자율학습시간에 책상을 화장실에 감추고 담을 타고 넘어가 일탈을 즐기며 스릴을 만끽하던 그때의 분들은 지금 세대를 이해하기 어렵습니다. 지금 10대 청소년들은 학원을 빠지면 자동으로 결석이 측정되어 부모에게 문자가 날아가거든요. 출결을 시스템으로 관리하기 때문에 디지털이 없던 시대처럼 구렁이 담 넘듯 은근슬쩍 속여 넘길 수가 없어요.

어릴 때부터 규칙 준수가 내재화된 젊은 세대가 보기에 기성세

단계별로 증거가 남기 시작하면,

과정의 충실함을 평가할 수 있습니다.

그 투명성을 기반으로 성실함의 가치가 재정의될 것입니다.

무임승차자가 사라지고 일의 단계가 줄어들겠죠.

그러면 중간의 무임승차자는 어디로 갈까요?

대의 관행은 무모하고 무례해 보입니다. 한마디로 감수성이 다른 것이죠. 규칙 준수를 꾸준히 해왔던 사람들과 그렇지 않은 사람들의 격차가 커지고 있습니다. 이는 앞으로 커다란 사회적 갈등으로 번질 수도 있는 중요한 문제입니다.

한때 촌지를 주고받는 게 당연했던 시절이 있었습니다. 그 시절을 기성세대가 학습하며 성장했으니, '좋은 게 좋은 거'라는 관행이 그저 개인의 부도덕함 때문이라고 단정하기는 애매합니다. 그러나 '그땐 그랬다'는 걸로 정당화하기엔 지금은 전혀 다른 세상이죠. 살아온 세상의 배경이 달라지고, 그에 맞게 현행화가 되지 않았을 때 받게 되는 차가운 시선인 듯합니다. 어쩌겠습니까, 바뀐 세상에 적응하는 수밖에요. 이것이 투명해진 사회를 둘러싼 또 하나의 이슈입니다.

또 한 번의 문샷

코로나 이전에도 우리는 인류사적 전환기라 할 만큼 큰 위기에 직면해 있었습니다. 지구온난화에 의한 산불, 질병의 창궐, 흉작, 폭염과 열섬 등 실로 많은 지표가 우리 삶의 리스크를 명백히 보여주고 있습니다.

놀라운 건 이 모든 징후가 과거 과학자들이 말한 것들로 설명될 수 있다는 것입니다. 이번에도 많은 분들이 놀랐을 것입니다. 코로나19의 확산과 그에 따른 여러 증상과 변화들이 영화 〈컨테이젼〉의 전개와 무척 유사했거든요. 우리가 생각보다 똑똑하다는 거죠.

영화를 만들기 전에 시뮬레이션할 때 과학자들이 기술한 현상이 현실에 그대로 재현된다는 건, 세상에 존재하는 여러 소설과 논문, 영화에서 나온 것들 또한 현실이 될 개연성이 있다는 뜻 아닐까요? 그렇다면 다가올 미래를 이미 다양한 경로로 보았음에도 제대로 대처하지 않았다는 책임의 방기를 반성해야 할지도 모르겠습니다.

최근 우리는 다양한 이슈를 통해 지구환경의 문제를 비롯해 인류사에 있는 이념이라든지 사회구성원 간의 합의과정에 있었던 미비점을 알게 되었습니다. 그런 다음에는 무언가를 할 것입니다. 온 인류가 공통의 경험을 한 터라 합의가 빨라질 수 있다는 건 불행 중 다행이라 생각합니다.

돌아보면 옛것을 그대로 답습한 것들이 참 많습니다. 지금도 교실에는 19세기에 발명된 칠판이 있어요. 산업혁명 당시에는 인간에게 주효했던 소중한 교육 도구였습니다. 그전에는 무언가를 적고 여럿이 함께 보고 다시 지우고 재사용할 수 있는 도구가 없어서 집합교육에 어려움이 컸습니다. 1801년 칠판이라는 새로운 도구가 생겨남으로써 교육방법을 한 단계 발전시킬 수 있었다는 것입니다. 다만 4차 산업혁명까지 왔는데 아직도 이걸 쓰고 있다는 게 함정이죠. 온라인 수업에 대해 다룬 TV 뉴스 자료화면에 선생님이 칠판에 판서하는 동안 학생들은 그 뒷모습을 화면으로 가만히 지켜보는 장면이 나왔습니다. 해당 리포트의 결론은 '온라인 수업 문제없다'는 것이었습니다. 온라인에서 오프라인 방식을 그대로 답습하는 게 과연 문제없는 것일까요? 온라인에서는 굳이 칠판을 사용할 필요가 없는데, 선생님은 왜 파워포인트를 안 쓰셨을까요.

미디어가 바뀌면 콘텐츠와 교수자의 행위도 재정의되어야 하는데 옛날 방식을 온라인으로만 바꾼다고 해서 적응이 아니죠. 환경이 바뀌면 그에 따른 시스템과 문화와 기술이 새롭게 적용될 수 있도록 혁신해야 합니다. 있는 걸 그대로 쓰는 게 아니라 전체를 어떻게 새롭게 설계할지 고민이 필요합니다.

바로 지금이 그렇습니다. 사회 분화, 장수, 비대면의 확산 등 10년 넘게 이어지고 있는 변화로 일하는 방식이 근본적으로 바뀌고 있습니다. 그렇다면 우리가 알던 기존의 근무, 근로, 직장, 직업 등에 대해 새롭게 정의해봐야 합니다. 어떻게 일해야 하고 나는 어떤 역할을 맡고 있으며, 내 삶의 지향점은 무엇인지 고민해보고, 그에 따라 새로운 문화를 수용할 수 있도록 노력해야 한다는 것이 굉장히 중요한 이슈로 떠오르게 될 것입니다.

예전에는 직장에 처음 들어가면 아침에 일찍 출근해서 선배들에게 인사도 잘하고 살갑게 굴라고 가르쳤습니다. 그러나 이제는 사무실에 안 갈 건데요? 지금은 사무실이 아예 클라우드에 있죠. 그렇다면 기존의 방법들은 통하지 않게 됩니다. 오히려 기록을 잘 남기고 제때 응답하고 협업에 대한 규칙을 준수하는 게 더 중요할 수 있어요.

좀 더 나아가 이번 기회에 바닥부터 다 바꿔볼 수 있지 않을까요? 말하자면 문샷 씽킹moonshot thinking입니다.

1961년 존 F. 케네디 미국 대통령은 의회 연설에서 "1960년대가 끝나기 전에 달에 도달하기를 원한다"고 천명했습니다. 이 한마디를 실현하기 위해 말 그대로 천문학적 비용을 지출해 비판도 많았지만, 덕분에 미국은 과학기술 분야에서 슈퍼파워로 거듭날 수 있었습니다.

당시 케네디 대통령은 "쉬워서가 아니라 어렵기 때문에 이 목표를 세웠다"고 했습니다. 이것이 문샷 씽킹입니다. 이처럼 우리도 점진적 개선이 아니라 불필요한 건 다 없애거나 새로운 것을 수용해서 프로세스를 완전히 바꿀 수 있지 않을까요?

예컨대 로보틱스, AI 등이 인간의 삶을 조금씩 도와주기 시작했는데, 일부를 자동화하는 것이 아니라 통째로 바꿔버릴 수도 있겠죠. 완전히 혁신적인 결과가 나온다면 비용뿐 아니라 혜택의 크기도 10배, 100배가 될 수 있으니, 이런 변화를 이번 기회에 한 번 도모해보면 어떨까요.

전공자들 사이에 전설의 무용담처럼 전해지는 '인공지능의 겨울'을 몇 차례나 겪은 지금, 뉴럴 네트워크가 활성화되며 딥러닝이 가능해지고, 빅데이터가 나오고, 이 데이터를 통해 기계가 스스로 학습하며 최근 10년 사이에 인공지능은 비약적인 발전을 보였습니다. 나와 대화하는 상대가 인간인지 기계인지 알아맞히는 튜링 테스트에서 몇 년 전 기계가 이겼습니다. 상대방이 기계라는 걸 사람이 눈치채지 못했어요. 연구자들의 엄청난 노력이 누적되어 현재의 결과를 내고 있습니다. 그에 따라 인공지능에 대한 우리의 기대치는 높아지고 있고요. 이제는 특이점singularity, 다시 말해 우리 인류의 뇌를 합친 것보다 더 큰 브레인파워가 나올 수 있지 않을까, 그게 우리 생애 안에 실현될 수 있지 않을까 기대하게 하는 고무적인 결과가 나오는 중입니다. 여러분이 희망하든 두려워하든, 우리 생각의 지반을 뒤흔들 또 한 번의 문샷이 준비되는 중입니다.

투명하게, 투명하게

과학기술이 이처럼 발전하고 있다면, 그에 걸맞은 우리의 문샷 씽킹은 어떻게 가능할까요? 이는 이번 코로나 팬데믹에서 얻은 소중한 교훈이기도 합니다.

바로 과거만 바라보지 말자는 것입니다.

지금까지는 역사로부터 배웠습니다. 다분히 회고적retrospective 이죠. 말하자면 서애 유성룡 선생님의 〈징비록懲毖錄〉 같은 것입니다. 나라를 일본에게 빼앗길 뻔한 굉장한 위기를 겪었고, 비록 이기긴 했지만 너무 고통스러웠으므로 당시 자신들이 무엇을 잘 못했고 어떻게 대응했는지 남겨놓을 테니 후손들은 삼가 경계하라, 이게 서애 선생이 〈징비록〉을 쓴 이유입니다. 과거를 보고 미래를 대비하라는 거죠.

그런데 이번에 프로스펙티브prospective 방식이 나왔습니다. 지금을 보는 것이죠.

지난번 메르스 때의 교훈으로 코로나 확진자 동선을 낱낱이 공개한 이야기를 했죠. 사생활 침해 이슈로 뜨거운 토론이 이어졌지만, 동선 공개에 대한 공통의 합의 덕분에 똑같이 주요 병원에서 확진자가 나왔어도 메르스 때보다 확산이 상당히 억제된 건 사실입니다. 바로 나우 데이터now data 덕분입니다.

'오늘 확진자 몇 명이지?' '우리 동네에 있나? 그 사람들 어디를 다녔지?' '강릉에는 없어? 놀러 갈까?' 하며 수백 수천 명의 확진자 한 명 한 명의 주요 동선을 다 볼 수 있습니다. 다양한 시스템을 동원해 각자의 동선이 추적되고 관리되고 검증되고 있습니다. 지금의 데이터를 시시각각 관측하고 기록하고 추적하여 의사결정하는 프로스펙티브 방식이 우리 삶에 들어온 것입니다.

예전에는 지금을 볼 수 없었기 때문에 과거를 본 거예요. 지금은 그렇지 않죠. 그러므로 예전 방식을 고수하는 것보다 지금의 새로운 방법과 데이터를 현행화하여 이를 기반으로 좀 더 지능적인 서비스를 만드는 작업을 해야 합니다. 과거에서만 배우는 게 아니라 오늘도 본다면, 지금으로부터 미래를 볼 수 있으므로 그만큼 우리는 좀 더 현명해질 수 있습니다.

프로스펙티브 방식 하에서는 데이터를 모으고, 관리하고, 그에 따른 결과를 이해하는 데이터 해석능력이 반드시 필요해질 것입니다. 이것이 생존확률과 경쟁력을 높이는 가장 중요한 출발점이 되기 때문입니다. 환자 동향이 어떤지, 주식 현황이 어떤지 정보를 파악하고 이해하는 능력을 갖추는 것이죠. 이것이 말하자면 데이터 리터러시data literacy입니다.

그러니 '어떤 근거가 있는가'를 의사결정의 출발점으로 삼는 연습을 하시기 바랍니다. 말 그대로 데이터를 기반으로 의사결정하는 것입니다. 투명한 정보를 관리하고, 그것을 볼 수 있는 시스템을 만들고, 이를 기반으로 인텔리전스를 만들면 우리 인간 한 명한 명이 브레인이라는 슈퍼컴퓨터를 지닌 엄청난 존재이므로 개인들의 연합으로 집단지성을 만들 수 있습니다.

그럼 뭘 할 수 있을까요? 삶에 대한 합의가 좀 더 과학화될 수 있겠죠. 의견이 아닌 데이터를 기반으로 한 과학적 의사결정은 우리 사회를 좀 더 나은 방향으로 만드는 소중한 인풋이 될 것입니다.

또 하나, 우리 삶에 투명성을 반드시 탑재해야 합니다. 모든 것이 나우 데이터로 기록되는 시대임을 잊지 마세요. 투명한 시대에는 의사결정 과정과 근거, 나아가 우리 삶 또한 투명해야 합니다.

투명성의 가장 큰 이슈는 단계별 충실함입니다. 지금까지는 끝이 좋으면 좋은 거였는데, 이제는 모든 단계가 좋아야 해요. 과정이 중요해집니다. 과거에는 과정의 중요성을 주로 '어떻게 효율을 높일지'의 범주로 생각했던 것 같은데, 이제는 '절차적 정당성'의 이슈로 움직이고 있습니다.

그렇다면 어떻게 해야 합니까? 열심히 해야 하고 착하게 살아야 합니다. 갑자기 도덕 교과서여서 죄송하지만, 다른 방법이 없어요. 예전에는 결과로 대충 퉁치는 게 가능했는데, 이제는 매 단계가 보이니 착하게 살아야 합니다. 매 단계가 검증될 수 있으니 일은 더 퍽퍽해질 것입니다. 매사 열심히 하는 수밖에 없습니다.

투명성은 기성세대와 기업이 특히 새겨야 할 부분입니다. 투명성의 시대에 들어섰음에도 여전히 과거의 사고방식에 머물러 있는 기업과 개인이 너무 많습니다. 잊을 만하면 등장하는 공기업 직원들의 비리 같은 것 있죠. 그들도 딴에는 할 말이 있다고 합니다. 선배들은 자기보다 더했다는 거죠. 그러나 그 변명이 먹힙니까? 이제는 그러면 안 되니 그들의 후배들이 사내고발을 하는 것입니다. 이 변화를 가볍게 보면 안 됩니다.

우리나라 기업들이 최근 관심 갖기 시작한 ESG에도 투명성 의제가 포함됩니다. 그만큼 기업활동의 중요한 기준이라는 뜻이겠죠. ESG는 선진국에서는 이미 수십 년 전의 이슈였습니다. 그게 우리나라에는 지금 온 거죠. 다시 말하면 환경environmental과 사회적 책임social, 투명성governance은 언젠가 당연히 올 흐름이었다는 뜻입니다. 그러니 나 또한 그 사조에 부합하는 행동을 해야죠.

그러나 많은 기업에서 이 이슈를 여전히 중대하게 인식하지 않는 것 같습니다. 젊은 세대가 환경을 중시한다고 하면 어떤 기성세대는 '우리도 친환경 중요한 것 안다'고 말해요. 그 말에는 '우리도 다 아는데 요즘 세대는 왜 그렇게 유난하게 따지는지' 하는 불편한 심기가 깃들어 있습니다.

물론 예전에도 친환경을 배웠습니다. 쓰레기 함부로 버리지 말라는 말도 들었죠. 제재 규정도 있었고요. 하지만 배우기만 하고 끝이었습니다. 그냥 버리던 대로 버렸어요. 적발도 대충 했고요. 사람들이 실천하지 않았기 때문에 그에 대한 감도感度도 낮았던 거죠. 법칙과 현실 차이의 격차가 컸던 것입니다. 관행과 규칙 중에서 관행이 더 셌던 것입니다.

지금은 쓰레기를 함부로 버리면 길 가던 사람들이 지적합니다. 환경의 중요성에 대한 인식이 높아지고 그에 따라 규칙 준수율도 올라가고 사회적 감시도 세진 것입니다. 지키지 않았을 때 제재하는 행정력도 훨씬 강력하고요. 나중에 이 행정력이 AI로 대체된다면 '한 번 실수니 봐달라'는 인간끼리의 짬짜미도 통하지 않을 것입니다.

안다고 해도, 높아진 사회적 감수성에 공감하지 못한다면 아는 게 아닙니다. 변화에 적응한 게 아니에요. '우리도 텀블러 같은 거 만들까?' 하는 식의 마인드로는 어림없습니다. 일단 너무 늦었고 (이제?), 그것도 시늉만 하는 것이기에 그렇습니다. 이건 홍보수단이 아니라 당연히 해야 할 준칙 같은 거예요. 전략 차원에서 기업의 모든 행위를 새 기준에 맞춰 재정의해야 합니다.

무엇보다 그런 행위를 대관이나 홍보라는 개념으로 이해하는 것이 잘못입니다. 구조를 바꾸고 우리의 전체 행위를 검증해보는 전략과 프로세스의 눈높이로 바라볼 일이지, 사회에서 요구하고 있으니 하는 척하겠다는 생각은 수용되기 어렵다는 사실을 이해해야 합니다.

송고영신送故迎新이라는 사자성어는 중국에서 온 것으로, 옛 관리를 보내고 새 관리를 맞이할 때 씁니다. 흔히 옛것을 보내고 새것을 맞는다는 의미로 이해되죠. 그런데 맥락을 짚어보니 우리가 알고 있던 것보다 더 뜻이 깊더군요. 옛 사람을 '보내야' 새 사람이 옵니다. 쓸모를 다한 걸 버리지 않으면 새것이 자리잡지 못해요.

코로나로 일상이 정지됐을 때, 우리는 멈추어 생각해볼 기회를 맞았습니다. 무엇을 하고 무엇을 하지 않을지, 이번 기회에 더 나은 것을 선택해보면 좋겠습니다. 넘어진 김에 정비해보자는 것입니다. 변화에 적응하기 위한 현행화 노력에 데이터 기반 사고, 이성적 사고, 과정의 충실함을 잊지 마시기 바랍니다. 우리가 거둔 '작은 성공'을 기억한다면 팔로워가 아닌 퍼스트 무버로서 더 현명해지기 위한 시도를 과감히 해볼 수 있으리라 생각합니다.

Prospective Study.

과거에서만 배우는 게 아니라 오늘도 본다면,

지금으로부터 미래를 볼 수 있으므로

우리는 좀 더 현명해질 수 있습니다.

4

성장
삶의 주도권을 꿈꾸다

최근 기업들이 구성원과 사회의 행복에 관심이 많은 듯합니다. 제게 그런 강연 의뢰가 심심찮게 들어오기도 합니다. 데이터에서 사람의 마음을 캐는 게 저의 업인데, 데이터로 현재 사람들의 행복도 측정할 수 있을까요?

행복에 대한 다양한 학문적 정의 중에 '주관적 안녕감subjective well-being'이 있습니다. 외부적 관찰이나 정의가 아니라 각자의 평가나 감상을 통해서만 행복을 설명할 수 있다는 개념입니다. 행복에 정답이 있는 게 아니라는 거죠. 충분히 수긍이 가는 말입니다.

다만 저는 데이터를 통해 객관적인 주관성을 알고 싶어요. 그걸 전작 《상상하지 말라》에서는 커먼센스, 즉 상식이라 불렀습니다. 그런데 상식이 영원하지 않다는 것이 우리에게는 굉장히 중요합니다.

단적인 예로 지금 '욜로'란 말은 예전 같은 관심을 얻지 못하는 반면 '소확행'은 여전히 올라가고 있어요. 비슷해 보이는 두 단어의 부침에서 젊은 세대가 일상적인 행복을 소중히 여기는 것이지 단순히 키워드가 멋있어 보인다고 좋아하거나, 인생 불사르는 걸 추구하지는 않는다는 맥락을 읽을 수 있습니다. 지금 20대가 1억 모으기에 열중하는 걸 봐도 알 수 있고요.

이처럼 행복이라는 인간의 근원적 욕망도 그 속성은 조금씩 변합니다. 잘 사는 건 여전히 중요하지만, 잘 사는 게 어떤 모습인지는 전통적 가치관과 다른 것 같습니다. 데이터 분석을 통해 확인해보니 실제로 그랬습니다. 사람들이 행복을 추구하는 방법론 자체가 달라졌고, 통상적으로 행복이라 여기던 것들이 사실은 내가 행복해지는 길이 아니라는 깨달음도 곳곳에 보입니다. 사회적으로 통용되는 행복의 조건이라 해도, 그것을 성취하기가 어렵다 보니 다양한 그늘이 표출되는 경우도 적지 않고요. 여러모로 행복의 재정의가 필요한 시점이라는 생각이 들었습니다. 그래서 이 시대의 행복을 들여다보았습니다.

성과보다 마음을 가꾸다

우선 행복감을 미루거나 지연시키지 않는 모습이 보입니다. 과거 한국인들처럼 지금 고생해서 나중에 잘 사는 길을 선택하지 않아요. 나중을 위해 오늘의 고생이 필요하다는 다짐만 하는 것이 아니라, 오늘 맛있는 걸 먹는 것도 미루지 않습니다. 왜 내가 지금의 힘듦만 감내해야 하는지에 대한 합의가 예전 같지 않은 것입니다. 이제는 일상의 행복을 충족해야 합니다.

그래서인지 행복과 함께 '하루'를 말하는 사람이 늘고 있습니다. 롱텀의 행복보다는 '오늘 하루 잘 살면 행복 아닌가?' 하는 숏텀의 행복으로 바뀌고 있습니다. 지금 이 순간의 행복을 위해 '행복 버튼'도 만듭니다. 보기만 해도 저절로 행복해지는 아이돌 이미지 같은 거죠.

반면 행복과의 관여도가 낮아지는 것은 무엇일까요? 우선 '가족'입니다. '가족'과 '행복'이 함께 등장하는 경우가 줄고 있습니다. 행복의 주체나 대상으로서 가족이 여전히 중요하긴 하지만, 관여도가 예전보다 낮아진다는 뜻입니다. 하물며 그 가족도 인간이 아닐 가능성이 높아요. 인스타그램에서 '#가족'을 검색하면 아이 사진들이 나오는데, 인간 아이가 아닌 동물 아이도 심심찮게 보입니다.

이처럼 가치관이 다양하게 변화하면 각자 추구하는 삶의 지향점이 서로에게 동기부여가 되기 어려울 것 같습니다. 저희 팀의 젊은 분들은 젊은 나이에 대기업 임원으로 승진한 사람들이 하나도 부럽지 않다고 하더군요. 임원이 되면 언제 잘릴지 모르는데, 자기는 그런 자리를 꿈꾸며 살고 싶지 않다는 거죠. 그 노력을 할 바엔 차라리 재테크를 하겠다고 합니다.

이런 대화를 하면서 이제는 성공의 기준도 행복의 기준도 획일적이지 않다는 걸 깨닫게 됩니다. 그 다양성을 수용한다면 상대방에게 함부로 지향점을 제시하는 건 곤란하겠죠. 목표가 같아야 예전처럼 별을 다는 임원이 되라고 하지, 목표가 각자 다른데 임원 되라고 하면 '왜요?'라는 말을 듣기 십상입니다.

그러나 현실자각타임

문제는 행복하다가도 금방 '현타'가 온다는 것입니다. 행복 버튼을 누르고 콘서트를 다녀오면 현타가 와요. 농담이 아니라 진짜로 '현타'의 연관어에 '콘서트'가 있습니다. 노래 '연극이 끝난 후'처럼, 콘서트가 끝나고 여운을 느끼며 퇴장하는 순간 내일 아침 다시 펼쳐질 일상이 떠오르면서 현타가 옵니다. 가상의 행복은 지속되지 않기에 그 결과도 항구적일 수 없는 겁니다.

잠깐 행복하다 이내 현타 맞기를 반복하다 보면, 이 현타의 순간을 피할 수는 없는지 궁금해집니다. 오래오래 행복감을 주는 다른 가치를 찾아야 하는 건지 고민이 필요해 보입니다. 어릴 적 읽었던 동화의 엔딩에는 왕자님과 공주님이 오래오래 행복하게 살았다지만, 과연 언제까지가 오래오래일까요? 검은 머리 파뿌리 될 때까지?

특히 현타의 순간은 내가 왕자나 공주가 아니라 일곱 난쟁이일 때 옵니다. 애써 보살핀 공주가 왕자와 떠나고 나면 일곱 난쟁이는 무슨 생각을 할까요? 공주와 왕자가 아니어도 'happily ever after', 오래오래 행복하려면 어떻게 해야 할까요?

행복은 주관적이어서 측정이 어렵다면, 불행을 측정함으로써 거꾸로 행복을 유추해보는 건 가능할까요? 행복의 반대말이 불행은 아니지만, 적어도 불행하면 행복할 수 없는 건 자명하므로 어떤 것이 불행한지 바라보자는 거죠.

임상심리 전공 교수님이 말하시기를, 사람을 한순간에 기분 나쁘게 하는 질문이 '행복하세요?'라고 합니다. 그만큼 한국인이 행복하지 않은 건 분명한 듯합니다. 유대감 최하, 자살률 1위, 스트레스도 많고, 일단 근로시간이 여전히 엄청나죠. 이것저것 행복할 게 많지 않은 사회입니다. 행복을 그렇게 찾아 나서는 이유가 알고 보면 불행하기 때문은 아닌지 의심해볼 법합니다.

불행의 단적인 지표 중 하나가 자살률인데, 한국사회의 높은 자살률은 놀랍게도 노인 자살률이 견인하고 있습니다. 심각한 수준의 노인 빈곤율이 노인 자살의 원인이고요. 즉 한국 노인은 자산이 적어서 불행할 개연성이 있다는 얘기죠. 이 밖에도 불행에 대한 연구는 상당수 존재합니다. 그중 하나는 연소득 7만 달러 이상이 되면 행복감의 차이가 적다고 합니다. 돈으로 행복을 살 수는 없지만 7만 달러가 있으면 불행에서 벗어날 수는 있을지도 모

사람을 한순간에 기분 나쁘게 하는 질문 :

"행복하세요?"

릅니다.

지금 한국에서 그 길은 대기업이나 공사, 공공기관 같은 것을 향해 있는 것 같습니다. 재미있는 건 얼마 전까지만 해도 공무원이 좋은 직업이었는데, 최근에는 공사가 선호된다고 해요. 보수는 공무원보다 높고 안정성은 사기업보다 좋으니까요. 마치 자장과 짬뽕 사이에서 탄생한 짬짜면 같죠. A가 좋아서가 아니라 B가 싫어서 하는 선택들이 모여서 그런 형태의 변종을 만든 것 아닐까 싶습니다.

어쨌든 공사든 대기업이든 들어가기는 힘듭니다. 희소하니까요. 그만큼 경쟁률은 높아지고, 높아지다 보니 사람들의 열망이 커져서 일종의 숭배까지 갑니다. 구직 준비 기간은 실로 대기업 덕질 기간이라 해도 지나치지 않습니다. 대기업 미담 기사에는 으레 잔뜩 칭찬한 다음 '채용해주세요'로 끝나는 댓글이 달립니다.

들어가기 어려운 만큼 대기업에 합격한 자의 자부심은 사회적 인정으로 치환되기도 합니다. 그런데 채용만 되면 행복할 줄 알았더니 다시 그다음 스테이지에 대한 고민을 합니다. 특히 입사 1년차, 3년 차에 현타가 세게 오죠. 일도 야근도 말도 못하게 많고, 가족 같은 분위기도 끔찍합니다. 다행히 많이 개선되고 있다지만 그래도 싫은 건 싫은 것입니다.

여기에 더해 30, 40대부터 은퇴를 걱정하는 기묘한 현상이 나타나고 있습니다. 은퇴 시점이 됐을 때 할 고민을 엉뚱하게도 한창 커리어를 쌓아가야 할 사람들이 한다는 것은 그만큼 자기 업의 경쟁력 또는 직업 안정성이 위태롭다는 방증이겠죠. 여러 차례 말했듯이 온갖 직군이 자동화되고 있고, 내 삶의 변화 속도보다 산업과 사회 구성인자들의 변화가 더 빠르기 때문입니다.

어떤 통과의례를 거치고 나면 행복해질 줄 알았는데 그건 순진한 희망이었을 뿐, 인생의 복잡다단한 문제를 영구히 해결해줄 방안은 없다는 걸 절감합니다. 무지개 너머 어딘가에 있는 행복을 찾는 노력은 그것이 영원히 이루어질 수 없는 꿈이었다는 깨달음으로 이어집니다. 그래서 더욱더 현재 삶에 충실하기로 삶의 방향타를 바꾸고 있는 것 같습니다.

숟가락 없는 사람이 최악

직업 안정성과 보장체계가 흔들리면서 직장에 대한 개념 자체도 바뀌고 있습니다.

'회사인간'이 멋있어 보이지 않는 것은 어제오늘 일이 아니지만, 그래도 2010년의 데이터만 보더라도 취직은 성공의 시작이었고, 무언가 함께 이루어갈 안정적인 대상을 찾는 행위였습니다. 함께

할 직장을 찾고 그것으로 자아를 형성한다는 식이었죠. 그런데 지금은 안전한 곳, 나를 경제적·사회적으로 전락하지 않게 지켜줄 곳을 찾아 거기에 탑승하는 것으로 바뀐 것 같습니다. 함께 운전에 참여하는 게 아니라 승객으로 들어온달까요.

이 변화에는 이유가 있습니다. 아시는 것처럼 경력을 만드는 첫 단추인 취업 자체가 굉장히 힘들어졌습니다. 그에 따라 취업 준비에 더 많은 노력이 투여됐고요. '스펙'이라는, 사람에게는 적합하지 않은 단어가 쓰이기 시작한 10여 년 전만 하더라도 학점이나 토익 정도만 준비하면 됐는데 지금은 스펙 9종을 채워야 합니다. 봉사활동, 제2외국어 등의 준비를 오랫동안 하다 보니 이 경쟁을 뚫고 들어온 이들에게 보상심리가 생겨나는 것입니다. 이를테면 '성과의 보상'이라기보다 입사에 이르기까지 치열하게 겪은 '경쟁의 보상' 같은 것이라 할까요. 어쩌면 나중에 보상받을지 장담할 수 없어서인지도 모르겠습니다. 나중에 보상해주겠다고 약속한 상사가 그때 있지도 않을 테고요. 이와 같은 새로운 니즈를 어떻게 받아들이고 적절한 보상을 할 것인지도 조직의 주요 이슈로 올라가기 시작합니다.

한편으로 보상에 민감해지는 추세는 인생이 길어진 데 따른 자연스러운 현상이라 볼 수도 있습니다. 직장에서 보내는 시간이 인생의 3분의 1도 안 되는데, 이 기간을 통해 내 인생에서 뭘 얻을 수 있는지 생각하다 보면 보상에 대한 요구가 첨예하게 올라오게 되는 것이지요.

이런 변화가 직업관으로 구체화되고 있습니다. 업을 생각할 때에도 직업과 직장과 커리어를 각각 다른 형태로 생각하는 모습이 보입니다. 직업은 사회적 역할과 하고 싶은 업을 절충한 것이고, 직장은 인간관계나 근무환경이 중요한 반면, 커리어는 개인적 목표와 훗날 쓸 수 있는 실력을 배양하는 것으로 나뉘는 것 같습니다. 예전에는 이 셋을 같은 것으로 봤는데 분화되는 것이죠.

그러다 보니 직장 내의 관계도 달라집니다. 10년 전에는 선배가 모범을 보이고 후배에게 열정을 기대하는 모종의 위계가 있고, 그에 따라 '존경'을 표현하기도 했습니다. 지금은 그렇지 않아요. 지금 요구되는 것은 '나를 괴롭히지 마세요' '함부로 대하지 마세요'입니다. 예전 같았으면 영원한 상사였을 사람이 지금은 한시적 동료인 것입니다. 동료가 내게 무례하게 구는 걸 참을 수 없고, 심지어 그 관계마저 한시적이니 훗날을 기약하는 미덕을 굳이 발휘하지 않습니다.

상사가 아니라 동료가 되면 가장 무서운 게 뭔지 아십니까? 상대가 일하지 않는 것에 분노한다는 것입니다. 최근 데이터에서 상사와 관련해 '무능'이라는 말이 가장 많이 나오는 이유죠. 예전에는 상사가 일 안 한다고 뭐라 하지는 않았어요. 저분은 원래 그러려니 하고 넘어갔는데, 지금은 상사와 직원 모두 능력을 따집니다. 상사가 관리자가 아니라 동료로 인식된다면, 이제는 상사도 일해야 하는 거죠. 물론 상사에게 능력을 요구하는 신입도 그래야 하고요.

이렇게 하여 모두 다 일하는 사회로 가고 있습니다. 그러다 보니 공정성 이슈가 나오고, 집단평가가 아니라 개인평가로 선회합니다. 이제 회사에서 가장 배척되는 사람은 다 된 밥상에 숟가락 없는 사람이 될 것입니다.

성장을 원하는데 상자에 갇힌

그에 따라 개인에게 성장이 점점 중요한 이슈가 되고 있습니다. 성장에 대한 언급은 계속 증가하고 있습니다. 성장에 대한 관심이 퇴색하거나 줄어드는 건 아니라는 걸 알 수 있죠. 10년 전만 해도 '성장'이라 하면 으레 국가의 성장을 떠올렸습니다. 경제성장이나 한국 경쟁력 같은 거죠. 지금은 '5월에 태어난 딸이 하루가 다르게 크고 있다'처럼 개인적인 영역으로 옮겨가고 있어요. '성장'의 연관어를 보면 과거에 보였던 '시장'이나 '경제성장' 같은 키워드는 다 없어졌습니다. 이것을 보며 이제는 성장이 개인적인

집단의 '성장'에서

개인의 '자람'으로

형태의 '자람'으로 바뀌었음을 이해하게 됩니다.

그럼 요즘 우리는 성장에 대해 무엇을 고민하고 있을까요? 연차에 따라 5개 층위로 나눌 수 있을 것 같습니다.

먼저 15년 차 이상. 이분들이 올린 글에는 여전히 '열정은 인성'이라는 표현이 보입니다. '왜 젊은 사람들은 업무에 대한 열정이 없는지'를 고민합니다. 여기서 중요한 것은 열정 없는 사람을 타자화한다는 것입니다. 나는 열정이 있는데 남들은 없다는 거죠. 기왕 들어온 것, 최선을 다해 회사생활에 임할 수는 없는지 의아해합니다.

데이터를 보다가 놀란 건 이런 태도를 '인성'과 연결시킨다는 것이었습니다. 합의된 급여 및 처우에 합당한 노동을 제공하면 되는데, 그런 등가원칙은 무시하고 상대에게 무조건 최대치를 요구하는 것입니다. 이 내용을 어느 기업에 가서 말했더니 누군가가 경험담을 들려주었습니다. 함께 일하는 젊은 직원을 격려할 겸 "지금도 열심히 하고 있지만, 좀 더 하지 그래요?"라고 했더니 직원이 "얼마큼요?"라고 묻더랍니다. 얼마나 더 할지 기준을 알려주면 하겠는데, 밑도 끝도 없이 더 하라고 하니 그게 150%인지 200%인지 알 수가 없다는 것이지요.

그분은 직원의 반응이 불편했다고 했지만 저는 직원의 반응이 맞다고 생각해요. 기준 이상을 요구할 이유도 없고, 나아가 그 기준이 계속 변한다면 끝도 없이 노력해야 하니 나중에는 폭발해버릴지도 모릅니다. '열정은 인성' 같은 애매한 생각을 하는 것 자체가 위험하다는 것을 대부분 알고 있는데 상사만 모르는 거예요. 그 몰이해 때문에 상사의 고민이 많은 거겠죠.

이런 김 부장의 의아함을 한마디로 표현하면 '왜 그들은 조직과 스스로를 동일시하지 않는가?'입니다. 물론 자신은 빼고요. 난 동일시하고 있는데. 물아일체처럼 조직에 멸사봉공의 자세를 가지지 않는다는 것을 이해하지 못하는 것입니다.

두 번째, 10년 차 이상. 제가 보기에 가장 위험한 연차입니다. 회사생활 10년쯤 되면 조직과 자신을 동일시하려는 움직임에 드디어 편입되려고 해요. 바야흐로 갈림길에 선 거죠. 특히 공채로 들어와서 3년씩 순환보직으로 부서를 돌고 나면 연차는 쌓이고 급여는 올라가는데 전문성은 애매합니다. 전문성을 인정받지 못하면 이직이 어려워지고, 그러다 보니 조직에 기대기 시작하는데 그게 10년 차부터 조금씩 나타납니다. 자연스럽게 자신의 성장도 조직의 성장에 기대게 되고, 자기 전문성을 무기로 승부하는 걸 두려워하게 됩니다.

그 결과 이 연차인 차장부터 출근을 언급하기 시작합니다. 물론 다른 직원의 출근입니다. 바야흐로 사측으로 돌아서기 시작했다는 방증이죠. 더러 일부 차장들은 자기 대신 실제로 업무를 보는 직원이 있어야 팀이 돌아간다는 슬픈 이유도 있을 것입니다.

자, 이번엔 도망갈 수 있는 사람들, 7년 차입니다. 과장/대리쯤 되면 지금까지 자신이 살아온 게 맞나 하는 고민이 시작됩니다. 그동안 노력해서 안정감도 생기고 사회적 네트워크도 꽤 다진 것 같아요. 일머리도 생겼죠. 다만 이렇게 밟아온 길이 내가 선택한 건지, 취직 전 어른들이 제시한 방향대로 어긋남 없이 살아왔을 뿐인지에 대한 고민과 갈등이 고개를 듭니다. 어려움도 크게 없지만 과연 이게 좋은 건지, 나쁘지는 않은데 좋은지는 모르겠다는 것입니다.

무엇보다 회사에 롤모델이 없다는 게 가장 답답합니다. 계속 지금처럼 살면 몇 년 후에는 옆자리 박 차장처럼 될 것 같은데 그러기는 싫고, 인생을 선택할 수 있는 마지막 기회라는 생각에 마음이 복잡해집니다. 이 불안감이 사회적으로도 공감되고 있습니다. 퇴근 후에 강좌를 듣고 '부캐'를 만들거나 자격증을 취득하는 것 모두 커리어에 대한 고민이죠.

3년 차는 이런 고민을 합니다. 어릴 때는 어른이 되면 꽤 똑똑한 일을 할 줄 알았는데 막상 회사에 와서 하는 일은 그렇게 지적이지 않아 보이는 거예요. 시키는 일, 뻔한 일을 반복한다 느낍니다. '내가 이런 일을 하고 이 돈을 받는 게 맞나?' '다른 회사에 가면 이 정도 능력으로 생존 가능할까?' 일할수록 능력치가 올라갈 줄 알았는데 상자 안에 갇힌 느낌이고, 무엇보다 이 정도 일은 누구든 할 수 있을 것 같다는 공포가 생깁니다. 연차는 쌓이는데 경험치는 쌓이지 않는 것입니다.

그 결과 정확히 3년 차에 권태기가 나옵니다. 현타가 오고, 반복 업무를 의식하기 시작해요. 자기 일이 그리 크리에이티브하지 않기 때문이죠. 그러나 알고 보면 스펙 9종 세트를 완수하고 입사한 사람들인데, 그 훌륭했던 분들이 왜 이렇게 멍해졌을까요? 회사가 이들의 능력을 온전히 수용하지 않은 건 아닐까요?

이제 1년 차, 막 들어온 분들은 무엇보다 바깥에서 상상했던 회사생활과 현실이 너무 달라서 놀랍니다. 적응 자체가 쉽지 않은 과업이고요. 이럴 때 업무교육 등 코칭이 필요한데, 코로나19로 그조차 힘들어졌습니다. 비대면이 되면서 가까이서 살갑게 가르쳐주기가 어려워지니 배움은 더 힘들어지고, 그러다 보니 '모른다'는 감정이 올라갑니다. 총체적인 아노미가 오는 거죠. 여기에 더해 자신이 하는 일이 항구적으로 의미가 있을지, 경쟁력이 될지까지 고민이 이르면 정말 복잡해지죠. 이 모든 것들이 내 삶에 대한 근원적인 의심으로 향하게 됩니다.

흔히 2030은 업무와 보상체계, 그에 따른 처우 등이 행복에 크게 영향을 끼친다고 얘기합니다. 그런데 그 속내를 보면 사실은 인정받고 싶고, 내가 하는 일에 자신감을 얻고 싶다는 기본적인 욕구에 기인한다는 것을 발견할 수 있습니다.

그에 맞게 우리 조직의 제도와 문화도 바뀌어야겠죠. 동료로서 상대를 존중하는 자세, 그의 커리어를 만드는 동반자가 되기 위한 준비가 반드시 필요합니다.

이처럼 모든 개인이 성장을 도모하지만 하나같이 쉽지 않다 보니 '라떼는' 같은 옛날 얘기를 합니다. 변화가 너무 빨라서 당황스러운 거죠. 기획이면 기획, 영업이면 영업 등 처음 맡은 업을 끝까지 계속하는 건 실현되기 어려운 아름다운 이야기가 됐습니다. 이미 은퇴하신 분들 가운데는 더러 그런 행운을 누린 경우가 있어요. 출발할 때 끝이 예정된 길을 순탄하게 걸어오신 건데, 대부분의 현생인류는 그러기가 쉽지 않습니다.

이걸 감지한 사람들은 항구적 고용이 가능한 형태의 일을 도모합니다. 공무원 시험 보는 거예요. 적응의 시점을 최대한 미룰 수 있을 것 같거든요. 그러나 어떻게 하더라도 적응을 피할 수는 없습니다. 그런 식으로 안전판이 되어줄 일 자체가 많지 않은 데다, 그마저 혁신을 요구할 것이고, 무엇보다 우리가 오래 살 테니까요.

예전에는 55세에 은퇴하면 여명이 10년 남짓이었습니다. 일하는 기간이 삶의 대부분을 커버했는데, 이제는 그 두 배 이상 살 거라 합니다. 2015년생의 기대수명은 R&D가 뒷받침된다면 140세도 될 수 있다고 합니다. 반면 기업의 평균수명은 줄고 있죠. 미국 기업의 평균수명이 1935년에는 90년이었는데 지금은 15년밖에 안 됩니다. 하나의 직장이 내 삶을 커버하지 못한다면 그다음 환경과 상태에 맞는 새로운 형질을 어떻게 만들 것인가를 고민해야 합니다.

오른쪽 그림을 보며 많은 분들이 '렘브란트 스타일'을 떠올리셨을 것입니다. 렘브란트는 자화상을 많이 남긴 화가로 유명하죠. 그런데 눈치채셨는지요? 렘브란트의 자화상 중에 오른쪽 작품은 없습니다. 〈The Next Rembrandt〉는 마이크로소프트가 2016년에 렘브란트 작품 346점을 러닝하여 3D프린터로 만든 작품입니다. 기계가 그린 그림에 렘브란트의 독창성이 구현된 것입니다.

그러면 다음 질문은 이것이 되겠군요.

'인간인 나는 뭘 해야 하지?'

"The Next Rembrandt" (2016)

로봇이 우리가 기대한 만큼 진화해간다면 사람들은 도대체 어떤 일을 할 것인지를 생각하지 않을 수 없습니다. 물론 산업 자체가 없어지는 건 아닐 테니 소수는 자기 업을 지킬 것입니다. 나머지는 대체되고요. 이미 많은 경쟁이 산업 경쟁이라기보다는 개인 경쟁으로 움직이고 있습니다. 그때 각자가 준비해야 할 것은 무엇일까요?

바야흐로 사람이 상품이 되는 시대가 오고 있습니다. 다니엘 핑크가 말했죠. "파는 것이 인간이다To sell is human"라고요. 같은 제목의 책에서 그는 현대의 노동자들은 유형이건 무형이건 자신이 가진 무언가를 팔고 있다고 말합니다. 그렇다면 나에게 팔 게 있어야 하지 않겠습니까?

이렇게 경쟁의 추이가 바뀐다면 나는 어떤 능력을 얻을지 고민해봐야 합니다. 막연히 준비하는 분들은 스펙 경쟁에 뛰어듭니다. 취업 스펙 9종 세트 같은 것들. 지금은 이게 통한다고 하지만 향후에도 계속 내 경쟁력으로 유지할 수 있을까요?

한국고용정보원이 만든 시대별 인기직업 리스트가 있습니다. 1950년대에는 권투선수가 인기직업이었대요. 지금도 훌륭한 직업이긴 한데, 인기직업 1위가 될 정도면 얼마나 많은 사람이 선망했다는 걸까요? 선수라는 특성상 많은 분이 영위할 수도 없을 것 같은데 말입니다.

바야흐로 사람이 상품이 되는 시대입니다.
현대의 노동자들은 유형이건 무형이건
자신이 가진 무언가를 팝니다.
그렇다면 나에게 팔 게 있어야 하지 않습니까?
경쟁의 추이가 바뀐다면
나는 어떤 능력을 얻어야 할지 고민이 필요합니다.

1960년대에는 택시 운전기사가 좋은 직업이었습니다. 은행원도 있고, 버스안내양도 나옵니다. 보신 적 있습니까? 지금은 이 직업 자체가 한국에서 거의 사라졌죠.

1970년대에는 건설 기술자, 트로트 가수.

1980년대에는 금융인, 그리고 프로야구가 시작되면서 야구선수가 뜨기 시작했습니다.

1990년대 순위에는 드디어 프로게이머가 나옵니다. 외환딜러도 나오고요.

2000년대에는 국제회의 전문가나 공인회계사가 좋은 직업이라 했습니다.

이걸 보면서 어떤 생각이 드십니까? 화무십일홍이라는 말처럼 직업의 영화가 존속되는 기간이 생각보다 길지 않죠. 부침이 커요. 직업을 갖기 위한 우리의 분투기가 10~20년 후에 소용없어질 수 있다면, 무엇을 기계에 맡기고 우리는 인간으로서 어떤 일을 할지도 합의해봐야 할 것 같습니다. 취준생들이 엄청난 준비를 하고 계신데, 과연 공부만 계속하는 것이 맞는가 하는 것입니다.

이런 생각을 하다 보면 무인화된 상점에서 아이스크림을 집을 때마다 내 직업의 불안감을 체감하지 않을 수 없습니다. 모든 것이 바뀌고 있는데 나라고 버티겠냐는 생각이 들고, 카카오뱅크 앱을 열어 매주 적금을 부으면서 우리 회사는 이걸 따라갈 수 있을지 걱정이 됩니다. 그 와중에 희망퇴직 얘기는 계속 나옵니다. 믿을 거라곤 부동산이 최고인 것 같은데, 대기업에 가더라도 내 집 마련은 힘들어요. 급기야 국민연금의 어두운 미래가 공식화되기 시작했죠. 미래에 대한 온갖 막연한 불안이 인구가 줄기 시작한 2020년부터 마침내 실체화되고 있는 것입니다.

평범한 게 판교 신혼부부라면

행복에서 시작한 이야기가 어째 점점 행복과는 거리가 멀어지는 것 같습니다. 취준생일 때는 직장만 잡으면 괜찮아질 줄 알았는데(적어도 안정감은 얻을 줄 알았는데) 그게 아니란 걸 깨달았습니다. 엄청난 노력으로 스펙을 쌓아 대기업에 갔더니 게임회사에 간 친구는 스톡옵션이 몇 억이라는 소문이 들립니다. 배가 아프고 화가 납니다. 애초에 대기업에 간 게 내가 원해서가 아니었거든요. 부모님이 좋아하시고 친구들이 부러워해서 갔는데, 더 부러운 데가 있더란 말이죠. 그래서 미지의 가능성을 찾아 비트코인에 겁니다. 이미 2018년부터 이런 모습이 포착되었습니다. 그나마 연봉이 높으면 버틸 수 있지만 아닌 경우가 훨씬 많으니 호랑이 등에 올라타는 심정으로 뛰어드는 겁니다.

내 행복이 아니라 부모님을 기쁘게 해드리기 위해 직업을 선택하는 구조로 가는 한 행복은 무지개 너머에 머물 수밖에 없습니다. 타인의 욕망이 잣대가 된 상태에서 우리가 과연 행복할 수 있을까요?

실제로 내 삶에 대한 자각이 다양한 형태의 스트레스로 나오기 시작합니다. 인스타그램에서 친구의 행복한 인증샷을 보면 화가 나요. 나도 모르게 친구와 행복을 경쟁한 거죠. 친구는 인생 중에서 빛나는 찰나를, 그마저 윤색해서 전시한 건데, 그것을 마치 친구의 일상인 것처럼 침소봉대해 인식하면서 나도 똑같이 되려고 경주하거나 자괴감에 빠지는 악순환이 시작됩니다.

문제는 뭐냐면, 또래와 비교하면서 내 삶의 스테이지에 '그러함 직한' 기준을 세우는 것입니다. 이런 수평 비교가 자존감을 떨어뜨립니다. 친구들에 비해 연봉이 낮다는 이유로 내 삶이 초라하다고 느끼는 거예요. 친구와 동료와 비교하고, 하다못해 그들의 자녀까지 온갖 대상을 놓고 비교하며 나의 현재 상태가 열악하다고 느끼는 것입니다. 심지어 그중 가장 잘난 부분만 따와서 비교해요. 자녀 학교 잘 보낸 건 동료 철수와 비교하고, 연봉은 친구 영희와 비교합니다. 내가 모든 면에서 우월하지 않은 이상 항상 무엇인가 열위에 설 수밖에 없는 것입니다.

이 정도면 비교로부터 자유로울 사람이 있을까 싶습니다. 산으로 가서 자연인으로 살지 않는 한 방법이 없어요. 회사에도 직급이 있고 직위가 있고, 입사동기 중에서도 살아남을 사람과 아닌 사람이 나뉩니다. 어떻게 해야 비교우위에 설지 정답이 있으면 좋겠는데, 이제 정답이 없어진다는 게 가장 중요한 이슈입니다.

이런 심리를 단적으로 반영하는 표현이 '평균'입니다.

2016년에 인터넷 커뮤니티에 일상적으로 쓰인 단어 중 '평타'가 있습니다. 평균 타율, 즉 보통 정도라는 뜻입니다. 사람들이 엄청나게 눈치를 봤던 거죠. 그 목표가 평타입니다. 내가 더 잘나가겠다는 게 아니에요. 남들보다 처지면 문제가 되니 티나지 않고 모자라지도 않게 평균을 하겠다는 것입니다.

그래서 사방에 물어봅니다. 인스타그램이나 카카오톡에 올라갈 프로필사진을 띄우고는 괜찮은지, 이상하지 않은지 계속 물어봐요. 친구 선물도 골라달라 하고 야식으로 먹을 치킨도 추천해달라고 합니다. 의사결정을 나 혼자 하지 않는다는 거죠. 혼자 섣불리 결정했다가 바가지를 쓸 수도 있고 잘못 선택할 수도 있으니 사람들의 집단지성을 얻고 싶어 합니다. 예전에는 나 혼자 했다면 온 우주의 기를 다 모으고 싶은 거예요. 커다란 원기옥을 만드는 것입니다.

그 결과 온갖 종류의 꿀팁이 등장했습니다. 결혼준비 Q&A, 각종 생정(생활정보) 등. 커뮤니티에 떠돌던 다양한 노하우가 지금은 유튜브에서 발현되고 있습니다. '국룰(국민룰)'이라는 이름으로요. 예전의 생정처럼 이제는 사소한 것까지 대신 정해주는 '국룰'이 있습니다.

함께 연구하는 분이 '결혼의 정석'이라는 장표를 만들었습니다. 이상적인 신혼부부의 모습부터 결혼 체크리스트까지 온갖 종류의 국룰이 있더군요. 예컨대 이상적인 신혼부부상은 '판교 신혼부부'입니다. 재미있는 표현이죠? 판교 신혼부부는 도대체 어떤 사람들일까요? 유복한 환경에서 교육을 잘 받고 자라 IT 대기업에 다니고, 자가로 결혼생활을 시작할 만큼의 경제력도 있는 사람들이라고 그려집니다. 물론 판교 아파트값이 둘의 연봉으론 어림없으니 재력 있는 부모님이 도와주셔야겠죠. 선남선녀의 새로운 기준인 셈입니다. 가정환경, 교육 수준, 직업, 자산 등이 암암리에 하나의 지표가 되어버렸다는 얘기입니다. 여기에 혼수, 예식 준비, 스드메(스튜디오, 드레스, 메이크업), 상견례, 한복, 예복 대여, 신혼여행에 예단까지 온갖 사항의 견적이 국룰로 제시됩니다.

이걸 딱 보고 나면 감당이 안 됩니다. 조건이 어마어마하잖아요. 주식이나 코인이 터지지 않는 한 월급 갖고는 결혼이 불가능해요. 그래서 재빠르게 포기합니다. 못할 것 같으니 안 하는 거예요. 출산은 더하죠. 양육비를 계산해주는 사이트가 있는데, 욕심

대로 키우자면 몇 억으로는 어림없다고 답을 알려주니 깔끔하게 로그아웃합니다.

결혼이 힘들어지니 소개팅도 효율을 추구합니다. 탐색비용이 아깝잖아요. 상대방이 마음에 들면 다행이지만 아닌 것 같으면 바로 발을 빼야 해요. 그래서 오후 3시에 만납니다. 여차하면 밥도 같이 안 먹겠다는 거죠. 만약 단칼에 차버릴 정도는 아니라면 3주 동안 3번은 만나는 게 국룰입니다. 실제로 블라인드 앱에 올라오는 내용이에요. 소개팅 자리에 차를 가지고 가는 게 맞냐, 비용 부담은 어떻게 하나 등, 다들 법칙을 알고 싶어 합니다.

국룰은 편합니다. 눈치 볼 필요가 없으니까요. 긍/부정을 따질 필요도 없이 그냥 정해진 대로 하면 됩니다. 실수할 위험을 제거해주는 일종의 보험 같은 거죠. 그래서 빅데이터가 좋대요. 국룰이니까.

여기에는 '남들도 그렇대'라는 마음이 깔려 있습니다. 중간만 가면 된다는 뜻이죠. '취업하면 부모님께 매달 용돈 드리는 게 국룰이야?' '카페 공부 몇 시간이 국룰이야?' '아파트 청소기 돌리는 건 몇 시부터 몇 시까지 국룰이야?' '1년 동안 사귀다 헤어지면 얼마 후에 새로 사귀는 게 국룰이야?' 끝도 없습니다. 이렇게 국룰을 묻고 나면 이것들을 다 모읍니다. 아침 공복에 물 한잔 마셔야 건강하지, 요가 5분, 명상 15분, 책도 한 줄 읽어야 하는 거

아닌가? 그렇게 다 모아서 루틴을 만듭니다. 아침에 뭘 하고, 점심에 뭘 하고, 저녁에는 뭘 하고, 가짓수가 점점 늘어나면 루틴만으로 하루가 끝날 수도 있어요.

온갖 국룰이 생겨난 이유는 타인으로부터 내 평판과 효율을 극대화하고 싶어서입니다. 평범하게 살고 싶으니까. 그러나 이 기준이 너무 높습니다. 평범한 게 판교 신혼부부라면 출발부터 불행을 잉태한 거죠. 기준이 높은데 그게 기준이라뇨. 심지어 그걸 모아났어요. 국어, 영어, 수학을 다 잘할 수는 없잖아요.

무엇보다 평균, 중간을 추구한다는 국룰 자체에 문제가 있습니다. 서글프게도 중간의 인간은 대체됩니다. AI는 중간을 학습해요. 그런데 우리 인간이 지금 중간을 찾고 있는 것입니다.

지금 이 순간에도 실로 많은 변화가 중간에 있는 인간들을 없애고 있습니다. 시스템이 개인의 영역으로 점차 확장되는 게 보여요. 플랫폼은 비용을 낮추고 효율은 높이는 규모의 경제로 움직이기 때문에 소상공인이 힘들어질 수밖에 없습니다. 여행 앱이 커지면 지역 여행사가 망하고, 부동산 앱이 잘되면 중개업자가 어려워져요. 그 밖의 각종 동네상권도 마찬가지입니다. 이런 방식이 모든 영역으로 연결되고 확장됩니다.

프로세스가 자동화되면 이제는 플랫폼 내부 인력도 줄이게 될 것입니다. 플랫폼이 제공하는 사용상의 편리함이 우리 삶에 장점을 주지만, 사람과의 접점이 사라지는 만큼 사람들이 힘을 잃습니다. 자동화 서비스의 장점이 중간에 있는 사람들의 역할을 무력화하는 것입니다.

그럴수록 인간은 소외되겠죠. 이런 식이면 생산에 과연 인간이 필요할까요? 한국사회를 충격에 빠뜨린 2016년의 알파고는 그래도 인간이 만든 데이터가 필요했습니다. 2020년에 나온 알파고 뮤제로는 인간이 필요 없어요. 자기 혼자 규칙을 습득하고 배우고 게임합니다. 이제는 인간이 생산에 들어가지 않는 세상이 오는 것입니다.

외국인의 눈에 한국은 여러 가지로 신기한 나라인데, 그중 하나가 길거리에 있는 야쿠르트 카트래요. 전동인 데다 보냉 기능이 있다고 하면 다들 놀랍니다. 요즘엔 야쿠르트 카트의 위치를 앱으로 찾는다고 했더니 그게 가능하냐고 묻더군요. 어깨에 둘러멘 가방에서 손수레로, 다시 전동 카트로 발전한 건데, 이 카트가 진화하면 나중에는 건담 같은 로봇이 될 거라는 농담 섞인 예측도 있습니다. 판매원은 로봇을 조종하고요. 기술발전이 인간을 도우리라는 희망이 담긴 예측이죠.

하지만 로봇이 야쿠르트의 최종 진화일지는 몰라도, 그게 인간

artieyoon.art

1985   1995   2015   2021   ???

을 위하는 방향일 것 같지는 않습니다. 최근에 판매원 없는 무인 카트가 나왔거든요. 로봇을 조종할 줄 알았는데, 인간이 빠진 것입니다.

야쿠르트 판매원들 사이에는 과거에는 수레를 끄느라 힘들었는데 전동 카트가 보급되면서 직업 만족도가 높아졌다는 이야기가 들립니다. 그런데 카트가 무인 로봇이 되면 이분들의 직업 만족도는 어떻게 되는 걸까요? 혼란스럽습니다.

이렇듯 인간이 생산에 기여하지 못한다면 지금 사회의 규칙과 시스템을 재정의해야 할지도 모르겠습니다. 직업이 가진 다양한 의미 중 유기체적 사회구성원으로서 한 역할을 담당하는 것이 있습니다. 나는 빵을 굽고 그는 옷을 지으며 서로 돕는 분업 시스템으로 직업을 정의하는 거죠. 그런데 그 역할이 사라지는 것입니다.

오직 '역할'로 인간을 바라보는 논리가 끝까지 이어지면 생산에 기여하지 않는 인간을 배려하는 방안에 대한 논의에까지 이르게 될 것입니다. 이 경우 국가는 소비의 주체로 인간을 정의할 수도 있겠죠. 나라가 돈을 줄 테니 너는 쓰기만 하라는 식으로. 생산력을 주요 가치로 보는 관점에서 자동화가 개입할 경우, 인간이 소외되는 문제를 어떤 방향으로 풀어야 할까요? 모두의 고민이 필요한 문제입니다.

소외되거나 대체되는 것을 두려워하면서

왜 중간값을 추구합니까?

자아의 각성 : 삶의 주도권을 가지려면

자동화의 격랑 속에서 생산의 주체에서 밀려나지 않으려면 어떻게 해야 할까요? 내가 다른 이들과 어떻게 다른지를 설명하는 작업이 필요하지 않을까요? 영화 〈아이, 로봇〉의 똑같이 생긴 기계들이 아니라 만화 〈스머프〉처럼 서로 다른 얼굴을 가지고 각자 다른 역할을 하는 캐릭터를 만드는 작업 말입니다. 전체의 일부인 사회구성원이 아니라 자기 존재에 의미를 부여하는 것이죠.

아이덴티티는 항구적인 인간의 관심사입니다. 그런데 코로나19로 바깥 활동이 제약되고 혼자 있어서일까요, 최근 정체성에 대한 고민이 더 늘어나고 있습니다. 지금까지는 정체성 내지는 자존, 자신감을 '관계'에서 풀었습니다. 어느 회사의 김 대리라는 식이죠. 그런데 이제는 관계로 풀 수 없으니 반대로 나 자신에게로 더 깊이 들어가게 됩니다. 외부적인 형태의 누구 아들딸, 김 대리 같은 게 아니라 '너 누구니?'에 대한 답을 얻고 싶어 하는 것입니다. 나라는 존재에 의미를 두는 거죠.

그런데 이게 정말 어렵습니다. 자존감에 관한 책을 읽어봐도 명상을 해봐도 쉽지 않아요. 타인의 기대와 기준을 목표로 교육받고 살아오다가 갑자기 내 삶의 주도권을 가져와야 하니까요. 여러분은 자기 삶의 주도권을 가지고 있습니까?

누군가의 선택을 받는 게 아니라 내가 선택하는 상황이 되었을 때에는 '내 것'이 필요합니다. 그동안 내가 했던 역할은 거대한 톱니바퀴의 한 파트였어요. 내 역할이 없지는 않지만 내가 아닌 다른 사람들로 대체될 수 있었죠. 분업 구조여서 내 역할이 제한적이거든요. 특히 숙련의 과정을 거치면 기계도 충분히 할 수 있는 일이라면 더욱 그럴 테고요.

그간 다국적 기업집단으로의 성장을 돕던 경영학은 확장성 scalability과 안정성을 중시했고, 그래서 업무를 표준화하고 구성원들에게도 그런 업무를 지시하고 관리해왔습니다. 이제 그런 형태의 업무는 끝나고 있어요. 더 창의적인 일을 하고, 각자의 창의성이 시너지 효과를 일으키는 방향으로 인간의 일이 바뀌어갈 것입니다.

그러니 우리의 이슈는 대체 가능하지 않은 상태가 되는 것입니다. 그것이 '내 것'이 되겠죠. 과연 무엇을 '내 것'이라 할 수 있을지 데이터를 보니 두 가지 길이 나왔습니다.

하나는 플랫폼 소유주가 되는 것입니다. 거대한 글로벌 비즈니스는 미래에도 여전히 가치가 있겠죠. 문제는 난망하다는 겁니다. 그게 아니라면 팬덤을 기반으로 하는 예체능 스타나 정치인도 생존할 수 있겠지만 조금만 삐끗하면 한 번에 훅 갈 수 있기 때문에 늘 조심해야 합니다.

좀 더 현실적인 방법은 나만의 작은 비즈니스를 하되, 장인匠人의 수준으로 끌어올리는 것입니다. 이 길을 택했다면 찻집을 할 때 찻잎을 직접 골라야 해요. 누가 내 고객이 될까요? 내 안목에 공명하는 사람들이 올 겁니다. 실제로 이런 가게들이 있습니다. 한 번은 내추럴 와인바에 갔는데, 홀에서 매니저 일을 하시는 분이 음식의 재료부터 요리법, 와인과의 마리아주까지 줄줄이 설명하는 걸 보고 놀란 적이 있어요. 미슐랭 스타 레스토랑에 가도 그 정도의 해박함은 기대하기 어려운데 말이죠.

이처럼 방법은 두 가지인 것 같습니다. 플랫폼을 만들거나 장인이 되는 것. 즉 프로바이더가 되거나 크리에이터가 되거나 둘 중 하나입니다. 이쪽이든 저쪽이든 1등이 되어야 하고요. 가운데는 없어요. 결국 이 이야기의 무섭고도 슬픈 결말은, 우리가 완전체가 되는 수밖에 없다는 것입니다.

베블런은 1899년에 '유한계급leisure class'이라는 용어를 제안했습니다. 자본소득이 높아 노동하지 않고도 살 수 있는 사람들을 지금부터 유한계급이라 부르자는 거였죠. 이들은 노동하지 않습니다. 대신 어떻게 하면 나의 여유를 더 많이 표현할 것인지가 무척 중요한 그들의 '일'이었습니다. 유한함을 표현하기 위해 쓸모없는 것에 가치를 두고 비용을 지불하는 것도 그들에게는 중요한 과업이었습니다.

지금은 '포스트 베블런'을 말합니다. 컬럼비아 대학교의 벨레짜Silvia Bellezza 교수는 과거에는 여가와 사치가 사회적 지위의 상징이었지만 이제는 오히려 일하는 게 지위의 상징이 되었다 말합니다. 자동화, 무인화 때문에 일반적인 업무는 인간이 낄 틈이 없으니 바쁘게 일하는 삶이 오히려 나의 훌륭함을 드러낸다는 것입니다. 아티스트, 장인, 나아가 창의적인 일을 하는 사람들은 일자리가 있을 테고, 나머지 대중은 기회가 없을 수 있으니까요.

어정쩡한 중간이 기계에 대체되는 세상에서는 조직 또한 완성된 사람들이 모이는 형태로 변화할 것입니다. 내가 누군가 재목을 키우는 게 아니라 이미 검증되고 완성된 사람들, 프로페셔널이 모인 상태가 되는 것입니다. 마치 영화 〈어벤져스〉처럼 말이죠.

실제로 많은 회사들이 공채가 아니라 직무로 뽑고 있습니다. 훌륭한 사람을 뽑으면 관리할 필요가 없거든요. 그 유명한 스티브 잡스가 한 말이죠. 훌륭한 이들은 스스로 관리하지, 남의 관리를 필요로 하지 않는다는 것이죠. 뭘 해야 하는지 아는 순간 어떻게 해야 할지 스스로 알아내기 때문에 관리할 필요가 없습니다. 비전만 있으면 됩니다. 리더십은 그것을 찾는 작업이고요.

지금까지 가능성을 보고 사람들을 뽑아서 가르쳤다면, 이제는 훌륭한 분들을 모셔와서 함께 가기 위한 방향을 제시하는 걸로 전체 구도가 바뀌고 있습니다. 이력서에 학벌과 스펙을 나열하며 '이만큼 똑똑하니 나를 뽑아서 맡겨봐'라고 어필하는 시대는 저물고 있어요. 이미 이력서에 학력을 못 쓰게 하는 기업도 많죠. 프리랜서들은 홈페이지나 인스타그램에 자기 작업물을 올립니다. 학력? 자격증? 그런 거 필요 없이 작업물을 보고 괜찮으면 다이렉트 메시지DM로 의뢰가 와요. '할 수 있다'는 가능성이 아닌 실제로 해낸 실무 능력을 파는 것입니다. 이런 식으로 일이 변화하고 있습니다.

그에 맞춰 각자의 준비와 성과를 계측하고 평가하는 기준도 바뀌게 될 것입니다. 제가 만난 젊은 벤처기업 CEO의 이야기를 들려드릴까요? 그분은 최근 자신의 회사에 이미 네 곳의 회사로부터 입사해달라고 요청받은 젊은 직원이 오기로 했다며 무척 기뻐했습니다. 무엇보다 자신이 그 직원의 면접을 잘했다는 사실에 자부심을 느끼는 것을 보며 세월의 변화를 실감할 수 있었습니다. 이제는 훌륭한 직원이 회사와 경영진을 면접보는 세상이 온 것입니다. 면접에서 회사가 개인을 평가하는 것만이 아니라 개인이 회사를 평가하고 선택하게 된 것입니다.

이미 잘하는 사람들을 뽑는다면 매니지먼트도 감시가 아니라 구성원 스스로 일할 수 있도록 돕는 것이 되겠죠. 나는 일하지 않으면서 상대에게 그걸 요구할 수는 없습니다. 지금까지는 관리자가 보고서 줄맞춤과 오타를 잡았다면 이제는 각자 일을 하고 합치는 형태로 가야 합니다. 이것이 가능하려면 모두에게 책임과 권한이 양여되어야 합니다. 누군가 의사결정을 부탁하고 해주는 것이 아니라 각자가 알아서 전문성을 기반으로 완성시켜 오고, 그것을 조합하는 일을 함께하게 될 것입니다. 전통적인 개념의 관리자는 사라지는 것입니다.

기업으로서는 그런 훌륭한 분들을 어떻게 모셔오느냐가 관건이겠군요. 연봉을 많이 주면 될까요? 수입과 행복의 상관관계는 물론 있습니다. 그러나 앞서 말씀드렸듯 연수입 7만 달러가 넘어가면 행복에 큰 차이가 없다고 하는걸요. 그보다는 인정이 더 중요합니다. 내가 한 일에 대해 깊이 인정하고 전문성을 공감해주는 것이 더 소중합니다. 애사심 같은 것에 어설프게 기대하지 마시고요. '월급루팡' 같은 표현 자체가 회사와 구성원의 적대감을 단적으로 드러내는 현실에 애사심이 웬 말입니까.

그보다는 같은 비전을 따르는 동료로 인식할 수 있도록 설득해야 합니다. 단순히 우리 회사의 손익 목표가 아니라 더 큰 의미를 가진, 동료로서 일할 수 있을 만큼의 종합적인 비전을 제시하고 합의해야 해요. 조직에서 이런 것들이 성취되지 않으니 많은 직장인이 몸만 회사에 있고 정신은 다른 곳을 떠도는 유체이탈을 하는 겁니다.

미래 인간의 업은

콘텐츠 크리에이터거나

플랫폼 프로바이더거나

당신의 모든 것이 메시지다

가능성이 아니라 능력을 팔려면 그에 합당한 증거가 있어야 합니다. 나에 대한 설명을 해야 하는데, 예전에는 그게 학벌이나 이력 같은 것이었어요. "어떤 일 하셨어요?" "○○기업에서 15년 일했습니다." 그러면 상대방이 알아서 '경력 15년'이라고 이해했습니다. 그런데 지금은 거기에서 어떤 프로젝트를 했고, 그 프로젝트에서 나의 기여는 무엇이며 어떤 점을 배웠는지 묻습니다.

그러니 이제는 내가 했던 일들을 모두 기록해야 합니다. 예전에 미국에서 입학사정관이 지원자의 소셜네트워크를 보며 사생활에 문제는 없는지 체크하는 바람에 문제가 되었는데, 지금은 지원자들이 아예 SNS 계정을 이력서에 적습니다. 면접관더러 보라는 거죠. 내가 성실하다고 아무리 주장해봐야 면접관이 어떻게 알겠어요. 그런데 인스타그램을 열어 3년간 뛴 나이키런 인증샷을 보여주면 믿습니다. 나이키런이 성실함의 증거가 되는 것입니다. 신뢰를 획득하는 새로운 방법이죠. 예전에는 경력 위주의 잘 설계된 포트폴리오를 보여줬다면, 이제는 내 일상을 담은 인생의 포트폴리오를 만들어서 전달하기 시작했습니다.

학교 다닐 때 읽은 〈안네 프랑크 일기〉처럼 남겨진 기록을 보는 게 아니라 일상적으로 채록된 증거를 기반으로 설명하게 된다면,

그렇게 기록한 것이 어떤 의미와 지향점을 가지는지 고민해봐야 할 것 같습니다. 나의 기록물은 곧 내가 세상에 보여주고 싶은 것들이며, 내가 표현하고 싶은 메시지가 될 테니까요.

이 생각을 확장하면 '자기표현주의self expressionism'가 됩니다. 내 삶을 어떻게 표출해서 나를 증거할지 결정하는 것이죠. 여러분이 하는 모든 행동에 이유가 있어야 하고, 그것을 설명할 수 있어야 한다는 것입니다.

일상의 모든 행위는 의미가 있고 욕망이 있습니다. 예를 들어 똑같이 '커피 한잔 해요'라는 말도 연인 사이에서는 데이트를 의미하지만, 직장 상사가 하면 뭔가 심각한 얘기의 예고편일 수 있습니다. 아침에 커피 마시는 행위는 일과를 시작하기 위한 하나의 부스트업일 수 있겠고요. 각각의 커피에 투영된 욕망이 다르고, 그 욕망에 따라 소비가 달라지는 거죠. 노동의 커피는 캔커피이고, 아침에 일어나서 마시는 커피는 드립이지만 때로는 에스프레소가 더 적합하기도 할 것입니다.

이처럼 내가 소비하는 행위 자체가 특정 의미를 구현하고 드러내는 행동입니다. 지금까지는 필요에 의해 무언가를 사고 썼는데, 이제는 필요를 넘어 감성이나 의미를 표현하기 위해 소비한다는 것이죠. 말하자면 물질소비가 아닌 의미소비입니다.

그렇게 변화한 이유는 풍요로워졌기 때문이에요. 특히 물질의 풍요를 누리며 자란 밀레니얼 이후 세대들에게 소비는 자신을 표현하는 방식의 하나입니다. 내가 사용하는 브랜드가 나를 표현하는 메시지가 되는 것입니다.

누군가의 SNS를 보면 일상도 있지만 특정 브랜드에 대한 관심도 드러납니다. 어떤 분의 블로그에 H&M, 신세계, 〈GQ〉 매거진, 스타벅스, 애플, 디젤 등의 브랜드가 꾸준히 등장한다면, 이들 브랜드 사이에 있는 공통된 맥락을 통해 거꾸로 그 사람의 취향과 라이프스타일을 짐작할 수 있어요. 저희가 데이터 분석을 통해 수행하는 작업 중 하나이기도 합니다. 특정 라이프스타일을 향유하는 이들이 어떤 브랜드를 사용해서 어떠한 소비생활을 하고, 이들의 소비생활이 어떠한 사회생활과 연결되어 있는지까지 풀어나가는 작업입니다.

그러니 이제는 소비할 때 조심해야 합니다. 일본기업 불매운동이 한창일 때 일본 브랜드를 사면 '너 문제 있구나'라는 반응이 나온다는 것입니다. 실제로 모 일본 브랜드는 한때 속옷만 팔렸어요. 그건 남들에게 안 보여주는 거니까요.

거꾸로 브랜드는 지금부터 의미를 팔게 될 것입니다. 스티브 잡스가 말했죠. 나이키는 신발을 파는 게 아니라 비전과 이상을 판다고요. 똑같이 우리도 지금 물질을 파는 게 아니에요. 물질은 넘쳐나니까요. 러쉬는 자기네 제품은 트렌드가 아니라 정체성이라고 말합니다. 도브의 광고는 '뚱뚱하건 말랐건 그게 나'라는 메시지를 표현합니다. 매력적인 의미를 넣지 못하는 브랜드는 배제될 수밖에 없습니다.

의미를 넣으라는 말이 착한 브랜드가 되라는 건 아닙니다. 뭔가 뜻깊은 일에 동참하라는 메시지는 숭고하긴 하지만 지속되기가 어렵습니다. 마치 고해성사하듯 한 번 구매한 것으로 의무를 다하기에 반복 구매가 일어나지 않아요. 훌륭한 캠페인들이 처음에는 붐이 일었다가 금방 사그라드는 이유입니다.

착한 브랜드가 아니라 자랑스러운 브랜드를 만들어야 합니다. 친환경 텀블러를 굿즈로 주는 게 아니라 우리 제품 자체가 의미를 지녀야 해요. 그런 게 있냐고요? 잡스가 만든 애플이요. 사람들은 애플이 착한 일을 해서가 아니라 애플이 자랑스럽기 때문에 구매합니다. 물론 자랑스러우려면 나쁜 일은 하지 말아야죠. 그만큼의 사회적 균형감각을 가지고 어떤 의미를 부여할지를 고민해야 합니다.

콘텐츠 또한 메시지가 됩니다.

기성세대에게 취미를 물으면 가장 흔한 게 독서나 영화감상이었습니다. 어떤 영화를 좋아하냐고 물으면 주로 작가주의 영화를 말했어요. 그러나 지금은 왓챠 리스트를 달라고 하면 다 나옵니다. 거짓말을 못하는 거죠.

나중에는 왓챠 메이팅도 가능할 것 같아요. 좋아하는 장르가
똑같으니 당신과 당신은 딱 맞네, 이럴 수도 있다는 거죠. 내가 봤
던 모든 흔적이 남고, 그 콘텐츠를 기반으로 추천리스트가 뜨기
때문에 오히려 메이팅의 확률은 결혼정보회사보다 왓챠나 넷플
릭스가 더 높을 수 있습니다.

마찬가지로 네트워크 또한 메시지입니다. 제가 만약 바버라 크
루거를 팔로우했다면 그건 제가 미국의 컨셉추얼 아트에 대한 개
념을 가지고 있다는 얘기이고, 트럼프를 팔로우했다면 그의 정치
적 행보에 관심이 있다는 뜻이겠죠. 트럼프의 트윗은 사실 확인이
필요한 내용이 너무 많아 영구 폐쇄됐어요. 그런 사람을 팔로우
했다면 똑같은 부류일 거라고 한 두릅에 엮일 수도 있습니다.

이처럼 네트워크가 메시지가 된다면 함부로 관계를 맺을 수 없
겠죠. 내가 누구를 팔로우하고 있느냐도 누군가에게는 판단의 근
거가 될 테니까요.

이 모든 것이 결국 라이프스타일로 수렴됩니다. 라이프스타일
도 메시지입니다. 수많은 아파트 광고는 집도 사람도 모든 것이
지나치게 아름다워요. 멋져 보이지만 스타일만 있지 실제 생활은

없는 것입니다. 저는 이걸 라이프리스 스타일lifeless style이라 표현
합니다.

이런 삶을 동경하다 언젠가부터 현실에 존재하는 멋진 라이프
스타일을 벤치마킹하기 시작했어요. 북유럽 라이프 또는 킨포크
라이프 같은 거죠. 이것은 스타일리시 라이프stylish life라 부르고
싶습니다.

지금은 온라인 집들이 서비스 '오늘의집'에 나만의 스타일이
담긴 나의 라이프스타일my lifestyle을 보여줍니다. 세상에 없던 혹
은 타국의 부러운 스타일을 선망했다면, 이제는 나만의 것을 만
드는 것으로 우리의 삶이 올라가고 있음을 우리는 관찰하는 중입
니다. 내가 가진 자원과 능력이 한정돼 있지만, 나만의 스타일을
양보하거나 뒤로 미루지 않겠다는 의지입니다.

행복을 미래로 미루지 않는 것은 미래에 대한 기대값이 줄었기
때문이기도 합니다. 고도성장기에는 이율도 높아서 돈이 있으면
재빨리 빌려주는 게 남는 장사였습니다. 100원이 120원이 되고,
그게 또 자본금이 되면 복리효과로 계속 불어나니 지금의 행복
을 구가하는 것보다 일단 참고 미래에 투자하는 게 옳았겠죠. 반
면 이율이 정체돼 있다면 지금 100원이 나중에도 100원 그대로
입니다. 그럴 때는 지금의 행복을 가지는 게 이득이라고 생각하게
됩니다.

Brand is the Message.

Content is the Message.

Network is the Message.

Lifestyle is the Message.

Your Every Move is the Message.

이 차이 때문에 몰이해가 생기기도 합니다. 김 부장님 보기에 이 대리는 말이 안 돼요. 이 대리는 월급이 김 부장의 3분의 1밖에 안 되거든요. 우리 호봉제가 그래요. 그런데도 김 부장보다 돈을 더 씁니다. 전시회다 여행이다 맛집이다 다니느라 바쁘고, 패션에도 꽤 신경쓰고요. 하지만 이 대리 입장에서는 김 부장 월급이 3배면 뭐합니까, 용돈은 자기보다 더 적은데. 대출금에 과외비에 그에 따르는 온갖 부양에, 끝도 없어요.

누가 옳은 걸까요? 둘 다 옳습니다. 부장님은 그 시대에 태어났기 때문에 참고 돈을 모아 집을 샀습니다. 그러나 이 대리는 매달 100만 원씩 모아도 집 사는 데 70년이 걸려요. 그래서 각자의 삶을 열심히 사는 것뿐입니다. 너무 다른 두 세계가 만나고 있는 것이죠.

모든 것은 변화합니다. 김 부장처럼 자신의 경험이 지금도 통할 거라 믿으면 곤란합니다. 브랜드도 현재의 철학과 현실성을 파악하지 못하면 소비자가 공감하지 못해요. 나이키를 좋아하는 이유는 팬데믹 기간 중 'Just don't do it'이라 말할 수 있기 때문이에요. 늘 고정된 나이키가 아니라 '지금은 코로나로 다들 힘드니 집에서 좀 쉬자'고 말하고, 인종차별 이슈에 대해 '하지 말라'고 목소리를 내기 때문입니다. 반대로 세상이 어떻든 그냥 물건만 파는 브랜드에는 사람들이 화를 냅니다.

이처럼 구매는 그 브랜드가 말하는 가치에 대한 동조고, 콘텐츠의 수용은 지적 취향에 대한 선언이며, 특정인을 팔로우하는 것은 연대에 대한 증명이 되니 이 행위들은 결국 나의 라이프스타일을 세상에 천명하는 것입니다. 나는 이런 삶을 살고 있다고 신호를 보내는 거죠. 이들 행위를 종합적으로 이해하면 나에 대한 이해가 될 것입니다. 나의 모든 것이 나를 설명하는 메시지가 됩니다.

우리는 모두 공동체의 일원이고, 상호작용을 기반으로 나를 증명하고 인정받는 존재입니다. 더욱이 우리가 교류하는 관계는 과거에 비할 수 없이 넓고 복잡해졌습니다. SNS에서 팔로우가 10만 명이라면 내 메시지가 10만 명에게 전달되겠죠. 이렇게 관계가 폭증했기 때문에라도 이제는 나의 메시지를 섬세하게 만들고 쌓아가는 작업을 하지 않으면 안 됩니다. 이것을 어떻게 할 것인지가 나를 드러내는 자기표현주의의 중요한 미션이 될 것입니다.

우리는 그 고군분투를 각자 하고 있습니다. 그것을 멋있게 표현하면 자기계발입니다. 이것을 한때 하고 마는 게 아니라 꾸준히 하면서 흔적으로 남기고 있습니다.

'#100daysofpractice'라는 인스타그램 해시태그가 있습니다. 말 그대로 100일간의 연습 기록을 남기는 거예요. 누군가는 콘트라베이스를 100일간 연습합니다. 첫날은 잘 못 켜겠죠. 그러다

100일째는 꽤 그럴듯하게 한 곡을 연주합니다. 그걸 보는 우리는 감동을 느낍니다. 왜냐하면, 그가 했으니까요. 이미 일가를 이룬 사람의 퍼포먼스를 보는 건 그에 대한 존경심의 발로이자 우리 취향을 향유하는 행위에 머무릅니다. 그런데 전혀 못하던 사람이 짧은 기간에 노력해서 만든 성취는 대가의 그것을 넘어선 감동을 줍니다. 그의 분투와 주체성이 오롯이 다가오기 때문이죠.

그리고 이 모든 것은 기록으로 남습니다. 내 의지와 그 표상을 기록하는 것이죠. 따라서 나를 드러내는 기록은 주체가 나여야 합니다. '김 과장, 보고서 다 썼나?' 해서 써내는 건 내 기록이 아니에요. 시켜서 하는 거니까요. 내 의미를 담으려면 내가 주도할 수 있어야 합니다. 출발점을 찍고, 조금씩 확장해가고, 그것을 기반으로 수련하고, 결과에 대해 오롯이 책임지고, 내 이름이 쓰이게 될 때 나를 표현하는 기록으로서 의미를 가집니다. 만약 내 속에서 우러나서 썼다면 회사 보고서도 내 기록이 될 수 있겠죠.

이제는 스스로의 흔적을 남기고 성장의 기록을 채록하는 것이 곧 나의 프로파일이 될 것입니다. 그러니 여러분은 무엇을 해야 할까요? 첫째, 직접 하셔야 하고요. 둘째, 기록으로 남겨야 합니다. 그 성장 과정이 나의 자산으로 환금될 것입니다. 일종의 사회문화적 자본이니까요. 그리고 그게 나의 업이 될 테니까요.

I, sum of records.

근본, 당신은 진짜인가?

기록은 공감을 부릅니다. 특히 최근에는 삶이 퍽퍽해서인지, 따뜻함을 찾아 공감하는 분들이 많습니다. 웹툰이라 하면 으레 학원물, 폭력물 혹은 러브스토리가 주였는데 지금은 오히려 일상적인 것을 담아내고 있습니다. '일상툰'이라 해서 너도 느끼고 나도 느끼는 것들을 재발견해주는 그림을 그리기 시작합니다. 만드는 사람과 즐기는 사람이 같은 대학생, 같은 직장인입니다.

이런 '진짜 일상'과 감성을 담은 콘텐츠가 공감되기 시작하면서 비난하거나 놀리기 일쑤인 코로나 확진자 동선에서도 공감거리를 찾아냅니다. 임용고시를 준비하던 분의 동선이 완벽하게 대학 도서관과 편의점으로 채워진 걸 보고 많은 이들이 안타까워했습니다. 합격하기 점점 힘들어지는 임용고시여서 짠한 마음이 더했을 겁니다. 마찬가지로 어떤 직장인은 출근한 이후 퇴근까지 무려 14시간 동안 '이동 없음'으로 떠서 화제가 됐습니다. 매일 14시간씩 격무에 시달린 사람의 일과가 도저히 남의 일 같지 않은 것입니다. 공개된 각자의 삶에 공감하고 공명하면서 우리 사회의 잘못된 관행에 대해 다시 생각해보는 계기가 되었습니다.

동시에 벌어지는 일이 미담 찾기입니다. 택배차량 안에 있는 강아지를 발견한 주민이 동물학대 혐의로 신고했는데, 알고 보니 택배기사가 유기견을 구조해 극진히 돌보았던 사연이 알려져 감동을 주었습니다. 처음에 의심받았던 일이 아름다운 반전을 보였기에 감동이 더 컸던 것이죠. 유기견이었던 강아지는 택배회사의 모델이 되었고요.

이런 미담이 사방에 보입니다. 불우한 이웃을 도운 식당 이야기가 심심찮게 들리고, 사연을 들은 사람들은 '돈쭐'을 내줘야겠다며 주문을 넣습니다. '세상이 그렇게 나쁘지만은 않을 것'이라는 희망을 보고 싶은 마음이 미담 찾기로 나오는 것 같습니다.

이런 일은 조선시대에도 있었어요. 암행어사의 업무는 탐관오리를 잡아서 벌을 주는 것도 있었지만, 별단別單이라고 해서 지역 민정을 살피고 열녀나 효자를 찾아 보고하는 것도 무척 중요했습니다. 임금님이 잘못을 감시하는 센서만이 아니라 착한 일에 상을 주는 자애로운 센서도 사방에 두었음을 보여주기 위함이었습니다.

더러 미담 발굴이 어려우면 별단을 지어냈다는 말이 있을 정도로, 그때나 지금이나 우리는 착한 이야기를 원합니다. 우리가 사는 세상이 고통스럽다면 희망을 잃을 수 있고 그 스트레스가 내 삶에 부정적 영향을 미칠 수 있으니 무언가 좋은 이야기가 나오길 바라고 그것이 확장되길 기대합니다. 그 수혜자가 내가 될 수도 있으므로 선한 영향력의 네트워크가 이어지길 바라는 거예요.

특히 요즘에는 SNS를 통해 개인의 선한 행동이 증거되고 기록되고 전파되는 모습이 많이 보입니다. 아이스버킷 챌린지라든지 수많은 틱톡 챌린지가 착한 일을 확장하는 용도로 활용되는 걸 보면, 선한 영향력에 대한 우리의 열망은 늘 존재하는 게 아닐까 생각하게 됩니다.

문제는 우리에게 감동을 주는 선한 영향력이 선하지 않은 경우가 있다는 것입니다. 검증해보면 실제로 가짜가 나오거든요.

'빈곤 포르노poverty pornography'라고 들어보셨나요? 가난을 자극적으로 묘사해 동정심을 불러일으키는 콘텐츠로, 주로 자선 캠페인 홍보물에서 많이 볼 수 있죠. 이런 논란이 최근 일부 유튜브 채널에도 일고 있습니다. 감동적인 영상에 혹시 조작은 없는지 사람들이 카메라 구도와 화질까지 따져가며 검증하려 합니다. 만약 조작이라면, 영상에 감동하고 기부까지 한 사람들의 진정성을 훼손하는 행위니까요.

앤드루 포터가 쓴 《진정성이라는 거짓말The Authenticity Hoax》이라는 책에 이런 말이 있습니다. "진정성의 정확한 실체는 모르지만 진정성 없는 것이 무엇인지는 직관적으로 알고 있으며 '진정성'이 뭐든 간에 사람들은 그것을 원한다." 사람들이 진정성을 찾고 있지만 그게 뭔지는 잘 모르는데, 그 와중에 이 사람이 진짜인지 아닌지는 안다는 것입니다.

물론 처음의 룩앤필로는 몰라요. 하지만 말해보면 알죠. 한 번 두 번 세 번 얘기해보면 알 수 있어요. 이런 크로스체크를 할 수 있는 탐침봉이 적으면 피해갈 수 있지만 촘촘하게 찍으면 피할 수 없습니다. 지금은 데이터가 워낙 많아서 크로스체크가 쉬워졌죠. 그래서 사람들이 진정성에 더 열중하는 것이기도 합니다.

최근에 진정성의 연관어로 '사과'가 올라옵니다. 이유가 있죠. 고의적 잘못을 싫어하는 것입니다. 실수는 괜찮아요. 배달하는 분이 "오다가 넘어져서 깨졌네요. 죄송합니다" 하는 건 괜찮지만 일부러 훼손했다면 나쁜 사람이죠. 이처럼 행위가 아니라 의도를 알고 싶은 거예요. 누가 사과를 했는데 그 사과가 거짓이면 죽도록 화를 냅니다. 처음에는 실수였다고 생각했는데, 실제로는 너의 진심이 문제였다는 걸 알게 됐기 때문이죠.

의도의 진정성을 따지는 젊은 세대의 관심사는 '근본'으로 이어지고 있습니다. 예를 들어 청바지는 리바이스가 출발점이고, 독일군 스니커즈는 메종마르지엘라가 시작한 것처럼, 누가 시조인지를 알고 싶어 해요.

그러나 지역마다 있는 유명 맛집 골목에 가본 분들은 아시겠지만, 그 골목의 원조는 누구입니까? 가보시면 숱한 플레이어가 자기가 진짜 원조라고 주장합니다. 예전에는 일일이 확인하기도 어렵고, 원조든 아니든 맛 차이도 크지 않으니 그냥 그 골목에 가서 내키는 가게에 들어갔습니다. 가게들도 그런 걸로 상호 비방하지 않는다는 불문율이 있었고요.

그런데 지금은 온갖 맛집 브랜드가 누가 원조이며 누가 그걸 상업적으로 악용하는지를 둘러싸고 치열한 공방을 벌이고 있습니다. 논란이 벌어질 때마다 사람들도 구경만 하는 게 아니라 나름의 주장을 열심히 펼칩니다. 예전에는 '거기 맛있던데?' 정도였다면 이제는 누가 만들었고 제조원은 어디며 판매자와 제조자가 같은지 다 따집니다. 배달 앱에서 맛집 메뉴를 시킬 때에도 업장의 로드뷰가 있는지를 봐요. 업장 사진이 없다? 그러면 상호만 10개씩 걸어놓고 매장은 없는 곳 아니냐며 믿지 않습니다.

왜 그러냐면, 만든 이의 의도를 알고 싶은 거예요. 의지를 알고 싶은 것입니다. 누가 시류에 편승한 무임승차자인지 알고 싶은 거예요. 동시에 처음부터 해온 그 사람의 굳은 의지와 역사를 알고 싶은 것입니다. 그래서 지금 사람들은 진짜를 판별하고, 근본을 읽기 시작했습니다.

예전에는 근본을 알기 어려웠죠. 입에서 입으로 떠도는 소문뿐이라 어디가 출발점인지 알기 어려웠어요. 그런데 지금은 수없이 복제 가능한 디지털 예술품도 NFT로 원전이 밝혀집니다. 블록체인 기술을 활용해 무엇이 원본인지 알 수 있게 되었어요. 모든 것이 기록되기 때문에 모든 것을 알 수 있는 거죠.

선사시대는 말 그대로 역사가 기록되기 이전입니다. 그래서 그 시기에 대해서는 추정을 하죠. 탄소동위측정법에 의해 몇 십 년 단위로 측정하지만 사실 정확하기는 어렵습니다. 그런데 지금은 맛집이 모여 있는 마라탕 골목에서 누가 몇 달이라도 일찍 시작했는지가 중요해요. 위성사진, 로드맵, 다녀온 사람의 블로그 등으로 자료가 다 남아 있어서 조작도 불가능합니다. 처음부터 좋아서 시작했는지 시류에 편승한 건지, 근본인지 아닌지를 세세하게 요구받고 있습니다.

우리는 지금 진짜를 찾고 있어요. 즉 의도가 선한 것인가 혹은 평가와 보상을 원하는 것이었는가를 열심히 보고 있습니다. 우리의 삶이 이렇게 채록된다는 것은 우리의 삶이 언제든 검증되고 대상화될 수 있는 사회로 진입했음을 말해줍니다. '역사가 말해준다'는 말은 훗날의 평가를 통해 그 시대의 공과가 정리된다는 수준이었어요. 그런데 지금은 개인의 역사가 검증됩니다. 예전에는 스타의 성적표나 생활기록부로 그를 검증했죠. 지금은 학교 친구들이 SNS에 올린 글로 학폭의 전력이 드러납니다. 이제 어느 한순간이라도 누군가에게 잘못하거나 상처를 주는 것은 시한폭탄을 안고 사는 것과 마찬가지인 것입니다.

"당신은 진짜입니까?"

그러니 늘 조심하고 늘 사려 깊게 사는 삶으로 바뀌게 될 것입니다. 물론 상당한 피로도가 따르겠죠. 항상 착한 척하는 건 몹시 어려우니까요. 그러니 어떻게 해야 합니까? 다시 말하지만 착하게 살아야 해요. 근원적으로 착해야 합니다. 그래야 일탈이 생기지 않습니다. 그렇지 않고 착한 척한다면, 긴장이 풀어진 순간 단 한 번의 일탈이 인생에 돌이킬 수 없는 오점을 만들 수 있습니다. 나아가 이 모든 개인의 정보가 줌인되어 확대되고, 환기되고, 재생될 수 있으므로 앞으로는 '일상의 매 순간이 항상 건실해야 한다'는 삶의 법칙이 각자에게 요구될 것입니다.

실제로 이미 선한 행동이 일상화되고 서로에게 권유되고 있습니다. 2007년 태안반도 원유 유출 사고가 났을 때 많은 사람들이 달려들어 기름을 제거했던 모습을 기억하실 겁니다. 그런 장면이 큰 사고에 대한 우리의 극복의지를 보여줬다면, 이제는 이런 행동이 상시화된 생활문화로 자리잡을 것입니다.

일례로 아이스버킷 챌린지에 이어 최근에는 플라스틱프리 챌린지, 바다쓰레기 줍기에 이어 플로깅plogging이 나왔습니다. 플로깅은 2010년 후반쯤 북유럽에서 나온 것이었는데, 뛰면서 쓰레기를 줍는 행동이죠. 이런 것들이 지금 우리 사회의 훌륭한 리추얼 또는 문화로 올라오고 있습니다. 부산의 바다쓰레기 줍기 운동은

10년 넘게 이어지고 있는데, 심지어 하루 만에 매진됩니다. 매진 된다는 말은, 참가비를 받는다는 것입니다. 과거에는 쓰레기를 주 우면 취로사업이라 해서 돈을 받았는데, 지금은 오히려 돈을 내 고 참여하는 게 일상의 소중한 리추얼로 승화되고 있습니다.

돈을 내고 쓰레기 줍는 걸 기성세대는 어떻게 생각할까요? 조 금은 의아해할 수도 있지만, 지금은 그것이 하나의 놀이이자 일 상을 충실하게 사는 방식인 사회로 변화하고 있습니다. 사회가 착 해지고 있어요. 적어도 남을 직접 해치는 행동이 줄어들었다는 면에서 문명화된 것은 분명합니다. 개개인의 선한 행동이 공공선 을 만들기도 하고, 무엇보다 착한 일이 독려받을 만큼 사회가 선 을 추구하고 고양하는 시스템으로 가고 있는 것입니다. 이 모든 행동이 결과만 남는 게 아니라 과정으로 채록되고, 그것으로 충 분한 보상이 되고, 다시 친구들에게 번져가는 시스템이죠.

이것이 확장되면 개인을 넘어 기업의 선한 활동을 요구합니다. CSR을 넘어 ESG로 가는 지금의 흐름이 딱 이런 것입니다. 앞에 서도 말했다시피 아직 ESG에 대한 생각이 천차만별인 것 같습니 다. 기업에 계신 분들과 대화해보면 ESG를 기업의 책임을 강조하 는 CSR의 확장판 정도로 생각하는 분이 의외로 많습니다. 한국 에서 CSR에 대한 인식은 '매출이 크고 특히 이익이 크면 응당 기부금을 내야지' 하는 정도였습니다. 연말연시에 어느 기업이 기부금을 냈다는 기사가 뜨면 경쟁사인 다른 기업은 왜 안 내냐는 댓글이 달리곤 하죠.

반면 ESG는 다릅니다. 옛말에 '개처럼 벌어서 정승처럼 쓴다'고 했습니다. 여기에는 부의 축적은 수단방법을 가리지 않더라도 그 부를 선하게 펼치면 과거의 잘못을 면제받을 수 있다는 의미가 담겨 있었어요. 그러나 지금은 개처럼 버는 게 용납되지 않습니다. 환경을 파괴하거나 사회적 책무를 함부로 하거나 투명성에 대한 기준이 잘못된 채로 부를 축적하는 시도 자체가 위반이라는 것입니다. 즉 이것은 전제와 같습니다. 이 기준에 따라 우리 업 자체를 재정의하고 프로세스를 점검해야 할 문제이지, 돈을 벌고 난 후 사후정산으로 입막음한다고 되는 게 아니에요. 근원적 체질개선을 요구하는 만큼 더 어려운 문제이기도 합니다.

이제는 효율만을 추구하는 기업은 존재의미를 증명할 수 없게 될 것입니다. 개개인의 고민과 삶의 비전을 포괄하는 조직의 비전을 요구하게 될 테니까요. 효율을 넘어 의미로 승화되는 비전을 제시하고, 이에 마음으로 공감하는 소비자 및 사회와 소통할 것을 요구받을 것입니다. 검증 프로세스가 더 정교해지고 있기 때문에라도 '정말로' 해야 합니다.

정말로 한다는 걸 알면 사람들은 구매행위로 응원합니다. 즉 소비행위가 나를 위해서만이 아니라 상대방의 철학에 동의하고 응원하는 레벨로 올라가는 것입니다. 반면 공존의 원칙을 준수하지 못하는 이기적 비전은 동의받지 못할 것이기에 진정성 있는 참여가 따르지 않고, 사회의 지지도 적어져 사업의 기반 자체가 흔들릴 수 있습니다.

진짜가 되는 법

이렇게 해서 우리의 이야기는 '진정성'에 이르렀습니다. 진정성이라는 말이 하도 많이 쓰이다 보니 진정성이야말로 진정성 없는 미사여구처럼 들릴 정도입니다. 많이 노력하고 있지만 우리 사회의 진정성 정도가 아직 구성원들이 원하는 만큼은 아니기 때문인 듯합니다.

'가짜'가 아니라는 의미의 진정성에 대해서는 앞에서 살펴보았으니 이제는 '진짜'로서의 진정성을 생각해볼 차례겠죠.

앞서 '인간인 나는 뭘 해야 하지?'라는 질문을 던졌는데, 그 답이 기술이 아닌 것은 분명해졌습니다. 오리지널리티, 저작권을 가져야지 기술이나 기예는 아니라는 것입니다. 내가 창시자가 돼야 해요. 오리지널리티 없이 기술을 습득한다면 기술이 자동화되기 시작했을 때 나의 가치를 가질 수 없기 때문입니다. 이 말은 곧 창의를 기반으로 하지 않으면 숙련이 의미를 가지지 못한다는 뜻입니다.

그렇다면 이제는 생각을 먼저 해야겠죠. 과거처럼 도제로 들어가서 기술을 익히는 게 먼저가 아니에요. 무엇을 할 것이며 누구에게 배울 것인지, 생각을 먼저 해야 합니다.

진정성authenticity의 어원은 '스스로' 무엇인가를 '성취하는' 것입니다. 결국 진정성 있는 행동이란 내가 의도하고, 내가 행한 거예요.

이를 업의 관점에서 풀어보면 주체성과 전문성이라는 두 가지 덕목으로 해석할 수 있습니다. 내가 한다는 건 첫째는 의지의 문제이고요, 둘째로는 전문성의 문제입니다. 즉 내가 하고 싶고, 할 수 있느냐입니다. 이 두 가지를 갖춘 순간, 우리는 신뢰를 얻습니다. 우리는 그런 분들을 장인 또는 예술가라 부릅니다. 일의 주체가 나인 것입니다.

앞서 투명성에 대해 말했는데, 진정성과 투명성은 동전의 양면과 같습니다. 투명성의 가장 큰 이슈가 단계별 충실함이라면, 진정성의 가장 큰 이슈는 (단계별 충실함은 물론이고) 여러분의 의지

Self + Achievement = Authenticity

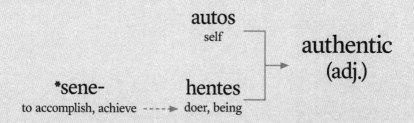

autos
self

*sene-
to accomplish, achieve ----▶ hentes
doer, being

authentic
(adj.)

가 여러분이 추구하는 가치와 부합하는지 여부입니다. 즉 투명성이 절차적 완벽함을 묻는 QCquality control에 해당한다면 진정성은 의지willingness의 범주예요. 여러분이 그걸 원하고 있는지를 묻는 것입니다.

투명성에 의해 관리될 수 있는 건 절차적 적합성이므로 성실함만으로도 가능합니다. 그런데 진정성은 주체가 추구하는 가치가 있는지, 그것을 위해 정해진 의무를 넘어 헌신하는지까지 올라갑니다. 그의 인생의 지향점이 정말 그 가치를 선호하는지까지 가는 것입니다. 즉 투명성이 해야 하는 의무라면, 진정성은 그것을 넘어서는 헌신의 문제입니다.

어느 조직의 기관장이 있는데, 일명 낙하산이라 하는 분입니다. 전문성이 없지도 않지만 있지도 않은 거죠. 그 밑에 있는 분들은 피로가 쌓입니다. '또 왔어?' 대충 이런 느낌일 겁니다.

그런 분들이 새로 오면 뭔가 좋은 말씀을 하죠. 자신의 커리어를 기반으로 하기도 하지만 시책에 맞거나 언제 들어도 좋은 덕담 같은 얘기를 하기도 합니다. 새해가 되면 연두교서를 쓰는데, 대개 본인이 아니라 전략기획실장이 써요. 실장은 홍보대행사에 외주를 주고, 대행사는 카피라이터에게 또 외주를 줍니다. 만들어온 결과물은 너무나 올바른 얘기예요. 그걸 기관장이 읽습니다. 심지어 요즘은 비대면이니 세 번쯤 녹화한 다음 편집을 해서 영상으로 틀어요. 그걸 바라보는 사람들은 이렇게 말하죠. 뻔한 얘기라고. 예전 국민교육헌장 같은 얘기예요. 그걸 듣고 감동을 느끼지 않습니다. 저 사람이 직접 쓴, 저 사람의 진심이 아니란 걸 알고 있기 때문입니다.

이 반대편에는 타운홀 미팅이 있습니다. 벤처들은 으레 타운홀 미팅을 하죠. 매주 혹은 격주로 창업자가 나와서 직접 이야기합니다. 우리 비즈니스의 현황, 지향점, 문제점들에 대해. 그러면 신입사원도 손들고 질문을 하고 비판을 말합니다. 토론하고 설득하고 맞춰가는 과정을 통해 서로 합의해가는 거예요. 왜요? 진심을 끌어내고 싶기 때문입니다.

이 두 대척점의 차이가 앞에서 말한 주체성과 그에 따르는 전문성의 차이입니다. 결국 진정성의 문제라는 거죠. 내가 했느냐 낙하산이 얘기했느냐, 속내를 얘기했느냐 그런 척했느냐, 그 차이입니다. 이제는 두 가지가 요구됩니다. 첫째, 내가 원하는 일을 해야 합니다. 둘째, 내가 직접 해야 합니다. 내가 해야 그에 따른 전문성과 주체성을 인정받을 수 있습니다.

저는 강연한 지 10년이 훌쩍 넘었지만, 녹화방송은 웬만하면 선호하지 않습니다. 생동감과 상호작용이 없기도 하고, 무엇보다

질의응답이 불가능해서입니다. 질의응답을 하면 그 사람의 고민의 깊이가 보입니다. 미리 짠 것도 아니고 즉석에서 던진 질문에 답을 하는 것은 그만큼 공부가 쌓여 있고 미리 고민했다는 뜻입니다. 나의 해박함을 팔 수 있을 때 내 진정성이 전문성으로 인정받을 수 있기에 이를 위해서라도 미리 고민하고, 라이브를 고수합니다.

생방송의 인생을 살아갈 때 녹화방송의 안전함을 도모할 것인가, 아니면 축적한 전문성을 근간으로 주체성 있게 살 것인가의 선택은 우리 자신에게 있습니다. 다만 내가 모든 걸 다 할 수는 없으니 좁힐 필요는 있겠죠. 수많은 선택지 중에서 나의 본진을 설정하고, 먼저 시작함으로써 '근본'이 되는 것입니다. 우리 각자가 자기 영역의 시조가 된다면 근본의 주체가 될 수 있으므로 더 이상 경쟁하지 않고 살 수 있지 않을까요.

그러니 개인의 앞날을 고민하며 이 책을 읽으신다면, 먼저 하세요.

남들이 잘하는 걸 따라 하는 걸 좋은 말로 벤치마킹이라 하죠. 그러나 이제 그 행위는 시류에 편승하는 것으로 해석되기 쉽습니다. 벤치마킹은 리스크를 피해가는 요소로 쓰셔야 해요. 좋은 아이디어가 있으면 구글에 검색해본 다음, 같은 게 나오면 안 하는 것입니다. 검색해도 나오지 않는 걸 해야지, 나오는 걸 하는 순간 카피캣이 됩니다.

이런 작업을 꾸준히 하면 나만의 신용이 쌓일 테고, 그것이 브랜딩이 되겠죠. 저는 이것이 진정성의 시대에 개인의 덕목이 되지 않을까 생각합니다. 남들이 하는 건 하지 않는 것, 반골이죠. 저는 이것을 존재의 의미라고 말하고 싶습니다. 나는 다르니까요. 그리고 소중하니까요.

알리는 게 아니라 발견되는 것

이와 관련해 제가 만든 키워드는 '발견되다'입니다. 내가 어떤 걸 전략적으로 의도한 게 아니라 그저 내 삶에서 건실하게 구현하고 있었는데 비로소 대세가 되는 것이죠. 세상 사람들이 '요즘 빅데이터, 메타버스가 유행이야. 누가 하고 있었지?'라고 물을 때 진즉부터 하고 있던 이가 발견되는 거예요. 무언가 뜬 다음에 하면 편승한 사람이라 깊이가 깊지 않기 쉽습니다. 축적의 시간이 부족하기 마련이거든요. 말하자면 팔로워죠.

그렇게 발견되기 위해서라도 먼저 해야 하고, 오래 해야 합니다.

게다가 우리는 오래 살잖아요. 기존 방식의 조직과 시스템이 날

보호해줄 수 없기 때문에라도 더 긴 기간을 바라봐야 합니다. 그래서 일관성consistency이 중요합니다. 일관되려면 지향점이 한결같아야 하므로 그걸 설정하는 작업이 선행돼야 해요. 먼저 원을 그리고, 그 원에 내 활동들을 정합시키는 작업을 하라는 것입니다.

현실을 둘러보아도 일관성 있는 메시지를 꾸준히 발신한 기업이 살아남습니다. 나이키가 지금까지 집행한 광고를 모으면 메시지가 됩니다. 내 행동 하나하나는 그 자체로 완결돼야 하지만 전체를 보았을 때에도 맥락 있게 설명할 수 있어야 합니다. 그런 메시지를 어떻게 만들지 고민하는 게 앞으로의 미션이자 비전이 될 것입니다. 루이비통은 160년이 걸렸고 파타고니아는 40년이 걸렸습니다. 밀도가 높다면 5년에도 가능합니다. 심지어 개인도 되고요.

2016년에 했던 인터뷰 영상 중에 많은 분이 공감해주신 이야기가 있습니다. 좋아하는 걸 하라고 하는데 뭘 해야 할지 모르겠다는 고민이었어요. 그때 저는 어떤 걸 하더라도 10년은 해야 전문가가 될 테니 미루지 말고 지금 시작해보라고 말씀드렸습니다. 만약 고양이를 좋아한다면 10년간 고양이를 키우고 고양이 연구를 해보라, 10년 후 모든 사람이 고양이를 좋아하면 당신은 아마 대가가 되어 있을 거라는 얘기였습니다.

그런데 정말 고양이가 떴습니다. 2016년에 유튜브 고양이 채널

2015년 "너를 외쳐봐"

2018년 "#미친존재감"

2019년 "너라는 위대함을 믿어"

2020년 "우리의 힘을 믿어. You Can't Stop Us"

2021년 "새로운 미래. A New Day"

나이키의 일관성

가운데 구독자 5만이 넘는 채널은 하나밖에 없었어요. 그런데 5년이 지난 지금은 10등도 구독자가 20만이 넘습니다. 이렇게 거대한 관심과 시장을 형성할 만큼 애호의 힘은 강력합니다. 제가 미처 몰랐던 것은 10년이 아니라 5년 만에도 그게 가능하다는 것이었습니다. 몰입의 정도와 기세에 따라 내 일의 결과가 나오는 시간이 단축될 수 있다는 걸 알게 되었죠.

2015년에 처음 곤충을 다룬 유튜브를 시작해 5년 만에 구독자 100만이 넘은 분이 있습니다. 큰 기업과 콜라보도 하고요. 곤충도 하나의 업이 될 수 있음을 보여준 거죠. 곤충만 있을까요? 파충류도 됩니다. 파충류를 키우며 업장도 운영하는 어떤 분은 2015년에 유튜브를 시작해 6년 만에 70만 구독자를 모았습니다.

고양이, 그다음에 곤충, 파충류처럼 다양한 형태의 새로운 기회가 오고 있는데 우린 뭘 하고 있었을까요. 어릴 때는 개미 같은 곤충을 보고 만지는 게 놀이였어요. 그런데 나이가 들면서 나도 모르게 남들과 똑같은 일을 하고 있죠. 내가 언제 이 삶을 선택했는지도 모르겠는데 어느 순간엔가 이렇게 루틴한 일상을 살고 있는 것입니다.

다시 곤충을 좋아하라는 말이 아닙니다. 뜰 것 같은 아이템을 하나 골라잡으라는 게 아니에요. 각자가 어떤 꿈을 꾸고 있는지에 대한 이야기입니다. 제가 보기에 일부러 찾을 필요는 없고, 자연스럽게 떠올라야 할 것 같아요. 어릴 적 좋아했던 것이 있는데 그걸 잊고 어느 순간엔가 사회적 압력과 남들의 기대에 치여 사는 것 같습니다. 그러니 내가 정말 좋아하는 게 무엇인지 기억해 내는 것만으로도 내 꿈을 찾은 것이 아닐까 생각합니다. 곤충을 좋아한다고 반드시 곤충학자가 될 필요도 없죠. 일단은 그냥 좋아하면 됩니다. 그게 업이 될 수도 있고, 산업으로 커질 수도 있고, 학문으로 발전할 수도 있고, 그냥 개인의 애호가 될 수도 있겠죠. 그건 개인의 선택입니다.

여러분은 무엇을 좋아하십니까? 어떤 분은 어렸을 때 그렸던 로봇을 만들고 있고, 어떤 분은 레고 블록을 갖고 놀다가 아티스트가 되기도 합니다. 어떤 분은 어렸을 때 좋아했던 만화를 발행하는 회사에 입사해서 창작에 동참하는 크리에이터가 되기도 하고요. 어떤 분은 동물에 대한 관심을 전체 생명에 대한 존엄으로 키워 사회운동을 펼치기도 합니다. 우리가 아는 어떤 분은 어릴 적 꾸었던 우주에 대한 꿈을 키워서 화성으로 가겠다는 거대한 프로젝트를 던지기도 했죠. 모두 다를 것입니다.

실행을 지속하면 어느 순간 예술적 경험을 할 수 있습니다. 철학자 존 듀이는 이것을 '하나의 경험an experience'이라 표현했습니다. 내가 좋아하는 것을 잡아서 한번 해본다, 그걸 숙련될 때까지 지속하면 어느 순간 예술적 형태의 러너스하이runner's high 같은 감정을 느끼게 되는데, 이때가 덕업일치의 순간이겠죠. 나아가 나의 애호와 진정성이 일상의 기록으로 남으면, 그 자체가 자산이자 전문성이 되므로 그걸 기반으로 무언가 도전할 수 있게 됩니다. 다만 어느 만큼의 숙련도가 있느냐에 따라 개인의 성취가 달라질 수 있고, 엉뚱한 방향으로 노력하면 곤란하니 여기서도 생각을 먼저 하는 것은 중요합니다.

옛날에는 무리 속에 있으면 전체가 안 보였는데, 지금은 데이터를 통해 전체를 볼 수가 있어. 심지어 확대도 가능하고 돌려보는 것도 가능하니 하나하나 다 볼 수 있죠. 그러므로 타인의 꿈을 탐색하거나 가져오는 것은 승산이 없습니다. 내 것을 만들어야 해요. 지금 시작하면 여러분에게도 일어날 일은 일어납니다.

고민의 총량을 팔다

진정성이 가능하려면 철학적으로 동의를 얻어야 합니다. 의미 소비 시대에는 상품이 사상이 되고, 사상이 상품이 됩니다. 철학이 팔리는 것이지 물질이 팔리는 게 아니에요.

생각이 공감을 얻으려면 여기에도 쉬운 설명이 필요합니다. 이때 주로 사용되는 것이 상징과 스토리입니다. 우리의 철학을 어떤 상징과 스토리에 담아낼지 정해야겠죠. 이를 통해 나의 의지를 이해하는 사람, 내 고민의 가치를 알아줄 사람을 찾을 수 있습니다.

'댕댕이'라 하면 강아지의 애칭쯤으로 쓰이는데, 왜 그런 줄 모르는 분들이 의외로 많습니다. 그래서 설명을 하죠. '멍멍'과 글자 모양이 비슷하니 일부러 오타를 내듯이 댕댕이라 타이핑하는 것이라고요. 노안이 오면 실제로 두 개가 같아 보인다고도 합니다. 한마디로 비슷해 보이니까 한 거라고 얘기했단 말이죠.

이번엔 '떼껄룩'입니다. 이건 더 헷갈려요. 모 게임에서 아이템을 판매하는 호랑이종족 캐릭터가 있어요. 이 친구가 "Take a look"을 독특한 악센트로 발음하는데, 이게 네이티브가 아닌 한국사람 귀에 '떼껄룩'이란 신기한 표현으로 들린 겁니다. 호랑이종족이 한 말인데, 호랑이는 고양이과니까 고양이가 떼껄룩이 된 것입니다.

이 설명을 처음 들으셨다면, 어떤 느낌이 듭니까? 말도 안 된다고 할 것 같습니다.

상징을 몰랐던 사람에게 뜻을 일일이 설명하려면 길어져요. 더군다나 그 상징을 모른다는 건 애초에 관심이 없다는 뜻입니다.

그러니 길게 설명해줘도 재미도 없고, 공감도 못합니다. 상징의 속성이 원래 그렇습니다. 너무 쉽게 형상화하면 구별이 안 되고, 너무 복잡하게 만들면 사용하기 어려워져요. 그래서 차별화하되 단순한 구조를 찾으려고 노력합니다. 전 세계에 통용되는 상징은 척 보면 압니다. 유다의 별이나 스마일처럼 누구나 다 쓰고 있으니까요.

반대로 복잡한 상징도 있습니다.

대저택 입구에 깔린 잔디를 지위의 상징이라 설명하기도 합니다. 원래는 사냥터와 구별되는 경계 같은 용도였는데, 실용적 가치가 전혀 없어요. 작물이 나는 것도 아니고 그야말로 뜰이죠. 베블런의 유한계급처럼, 비생산적인 데 돈을 씀으로써 자신의 지위를 과시한다는 의미에서 잔디가 지위재가 된 것입니다. 한때 미국의 중산층이 앞마당에 잔디를 가꿨는데, 이것이 19세기 귀족의 삶을 따라 한 것이라는 해석도 있습니다.

그런가 하면 자연에서 얻기 어렵다는 이유로 보라색이 권력의 상징이 되기도 했습니다. 색상은 오늘날 브랜드가 즐겨 쓰는 상징 중 하나입니다. 에르메스는 오렌지색을, 티파니는 티파니 블루를 자기네 상징으로 잡았습니다. 세월이 흘러도 그 상징은 우리의 기억 속에 퇴색되지 않고 남습니다.

결국 우리는 물건이 아니라 상징을 파는 것입니다. 나아가 이야기를 파는 거예요. 스타벅스는 1970년대 초반 시애틀의 정서를 팝니다. 스타벅스라는 이름은 그 유명한 소설 《모비딕》에서 따왔으니, 그 작품을 알고 있는지 은연중에 묻는 것이기도 합니다. 이런 것들을 하나의 전설처럼 만들어서 스토리화하는 작업이 브랜딩의 출발점이 될 테고요.

이렇게 보면 칠성사이다도 전설이 됩니다. 70년이나 된 데다, 사이다에 대한 기성세대의 추억이 다들 있으니까요. 사이다 하면 삶은 계란과 김밥, 기차가 떠오르는 것처럼 사이다의 상징 안에서 우리 삶의 어느 부분도 하나의 전설이 됩니다. 때로는 유럽과 한국의 전설이 만나기도 하죠. 스메그 냉장고에 칠성사이다 클래식 버전이 들어 있는 식으로요.

이처럼 상징이 어지럽게 교차하는 과정에서 브랜드나 세상에 대한 우리의 이해도 축적되겠죠. 자연스레 어떤 브랜드를 선택하는지가 나의 안목 또는 조예를 드러내게 될 것입니다. 철학적으로 합의되는, 사상적 동의가 되는 브랜드는 기꺼이 받아들입니다. 고객으로서 또는 구성원으로서 말이죠. 이게 곧 팬덤이에요. 내가 어떤 직업을 선택했을 때, 처우가 좋아서 간 경우와 그 일이 너무 좋아서 간 경우는 성격이 아예 다르죠. 일례로 서울의 바이레도 매장에 일하는 사람도, 창업자도 문신이 있다는 이야기가 전해집니다. 슈프림은 스케이트보더들이 만든 브랜드여서 그들 특유의 반항심 같은 정서가 투영돼 있어요. 그만큼 홀릭holic한 브랜드를 만들면 참여자를 통해 연결됩니다. 애플의 매장에서 고객을 응대하는 지니어스가 그렇듯이 말입니다.

그만큼까지 올라가면 브랜드가 종교가 되는 것입니다. 그러면 고객관리를 할 필요가 없습니다. 팬덤이란 상대방에 대한 절대적인 믿음이고, 내가 그걸 구입하는 행위는 거칠게 비유하면 헌금을 내는 것과 같아져요. 그런 마당에 가격을 논할 사람은 없을 것입니다. 그건 믿음이 부족하다는 방증일 뿐이니까요.

신도만으로 움직이기엔 시장이 너무 작지 않냐고 되물을지 모르겠습니다. 그러나 신도만으로 움직이는 게 아닙니다. 열렬한 팬이 옹위하고 있다면, 그 자체로 후광효과가 생기기 때문에 대중의 호기심과 선망 같은 것이 만들어져 그다음 사용자를 낳습니다.

그러니 후광효과를 일으키는 신도의 모임을 구성하는 게 우리가 할 일이 아닐까 싶습니다. 판매는 그다음이에요. 즉 층위가 있다는 거죠. 범주가 확장된다는 얘기입니다.

이런 걸 만들어야 하는 이유는, 이제는 글로벌 분업으로 제품 공급 자체가 쉬워져서 물질만의 차별화 여지가 줄었기 때문입니다. 그에 따라 품질 이상의 사상에 대한 고민, 그리고 필요를 넘어 불필요함에 대한 투자가 더 큰 의미를 갖게 돼요. 디지털과 로봇이 결합되고 나면 차별화 여지는 더 적어질 것입니다.

경쟁은 결국 타자에게 검증받고 평가받는 것이어서, 경쟁하는 한 나는 언제든 패배자가 될 가능성이 있습니다. 이 무한경쟁 레이스에 들어가기 싫으면 나만의 것이 있어야 합니다. 그 독창성을 증명할 수만 있으면 경쟁할 필요가 없겠죠. 독창성이란 한번 멋있고 끝나는 게 아니라 생존을 위해 필요한 것입니다.

그러면 무엇을 우리의 상징으로 할 것인지가 자연스러운 고민거리일 것 같군요. 일례로 수많은 설화가 상징을 만드는 데 차용되고 있죠. 〈매드맥스 : 분노의 도로〉는 핵전쟁 이후 유전자가 잘못되어 암에 걸리는 워보이들이 등장하는 미래 세계의 이야기예요. 이들이 죽을 때 '발할라!'라고 합니다. 북유럽 바이킹 전설에서 사후에 가는 천국의 이름입니다. 단지 명칭만 따다 쓰는 걸까요? 아닙니다. 그 설화에 담긴 세계관이 차용되는 거죠.

때로는 신화를 만들어내기도 합니다. 《반지의 제왕》이 그렇죠. 이게 계속 확장되면 하나의 세계관을 형성해 그 자체로 엄청난 자산이 됩니다. 마블이 마블 시네마틱 유니버스가 되는 것처럼요. 이것들이 다시 원용되어 팬아트가 나오면 그야말로 세계관에다 신도까지 확보한 엄청난 종교가 되는 것입니다. 과거 김용이 그랬고 톨킨이 그랬다면 이제는 웹소설이 세계관을 팔고 있습니다. 각자가 가상의 세계에 대한 신도를 모으고 있는 것입니다.

이런 것들이 연결되다 보면 근본 없는 전혀 새로운 것들이 나오기도 합니다. 예컨대 해마다 봄이면 나오는 온갖 벚꽃 에디션 같은 거죠. 콜라부터 아이스크림 등 먹거리에 특히 많이 붙는데, 벚꽃은 먹을 수 있는 게 아니잖아요. 원류가 없다는 뜻이에요. 맥락도 없고요. 그런데도 사람들이 구매합니다. 변종도 노력에 따라 원류가 될 수 있다는 걸 벚꽃 에디션을 보며 깨닫습니다.

이처럼 이 세상에 원류란 없다는 게 앤드루 포터의 《진정성이라는 거짓말》의 주장이기도 합니다. 문화는 계속 복제되기 때문에 원류란 게 애초에 존재할 수 없다는 것입니다. 예컨대 자장면이 중국에 있나요? 있어요. 자지앙미엔이라 하는데, 맛은 한국과 다릅니다. 그런데 한국사람들은 자장면을 중국 음식으로 인식하죠. 중국사람들은 그걸 한국식이라고 하고요. 미국에서는 한국식당에서 자장면을 팝니다. 이처럼 각자의 생각을 더해 끝도 없이 만드는 거지, 무언가를 원리주의적으로 보존해가는 게 아닙니다. 공감 포인트를 이해할 수 있으면 원류가 아니어도 활용 가능하다는 것입니다.

그렇기 때문에 앤드루 포터는 더 열심히 하는 사람이 이긴다고 말합니다. 즉 진정성은 상대적이므로 몰입의 총량이 큰 사람이 이긴다는 것이 그의 결론이에요. 결국 어떤 가치를 끝까지 추구하는, 하드코어한 쪽이 이기는 겁니다. 그런 식이라면 파타고니아가 이길 수밖에 없어요. 환경을 위한다는 브랜드는 많지만 환경을 위해 '사지 말라'고까지 말하는 브랜드는 파타고니아밖에 없으니까요. 그보다 더 나아가 정말 안 파는 사람이 나온다면 이길 수도 있겠죠. 한정판으로 10개 만드는 사람이 이기는 겁니다.

결국 우리는 고민의 총량을 파는 것입니다. 하나하나에 다 의미와 상징을 새겨넣고, 그런 다음 상대에게 넌지시 얘기해주는 거예요.

요즘은 실력 있는 작은 가게들이 많습니다. 간판도 요란하지 않지만 업에 대한 소신과 고민으로 상징성을 얻은 곳들입니다. 그 상징성 하나하나에 주인장의 정신이 깃들어 있겠죠. 그의 인생이 포함돼 있는 것입니다.

고민의 총량이란 내가 했던 시도의 총합이므로, 내 전문성 및 숙고의 결과를 파는 것입니다. 이는 시간의 축적도 있지만 이해와 지식의 총합도 되기 때문에, 그만큼의 해박함을 어떻게 만들어갈지를 고민해야 합니다. 그게 결여돼 있으면 노동을 팔아야 하는데, 노동은 AI가 가져갈 테니까요. 우리가 해야 하는 건 원류로서의 오리지널리티를 만드는 작업이지, 예전처럼 여기 우리 제품이 있다고 알리는 데 몰두하는 것은 아니라는 얘기죠.

고민의 총량을 판다는 것은

나의 전문성 및 숙고의 결과를 파는 것입니다.

오히려 아무나 만나면 안 됩니다. 설명하지 않고 툭 던졌을 때 이해한다면 내게 훌륭한 분이고, 이해하지 못한다면 우리 고객이 아니에요. 우리가 집어넣은 상징을 이해하고 원하는 사람에게만 다가가면 됩니다. 그들이 전파자가 될 테니까요. 헤리티지를 해석해주는 사람이 붙고, 이들이 문명을 전파하듯 사방에 퍼뜨리는 것이 곧 바이럴 구조 아닌가요?

여러분의 메시지에 공감한다면 사람들이 수용하는 것은 염려하지 않아도 됩니다. 실제로 이에 부응해 많은 브랜드가 상업과 예술의 경계를 넘나들 만큼 고민하고 있습니다. 그에 걸맞은 철학적 합의도 만들어지고 있고요. 따라서 우리는 이에 부합하는 작업을 하면 됩니다. 깊은 걸 만드는 것입니다. 우리가 만든 의미의 밀도에 사람들이 매료되고 사방에 전달할 겁니다. 우리의 고민을 인식하고 인정하는 상대방을 찾는 것이 시장을 찾는 것이고, 팬덤을 쌓는 과정이 될 것입니다.

지금부터 10년 전략 : 이성적 사고, 업의 진정성, 성숙한 공존

분화하는 사회, 장수하는 인간, 비대면의 확산. 1부에서 말씀드린 변화의 상수들은 앞으로 상당 기간 지속될 것입니다. 다만 이 변화의 흐름에 휩쓸릴 것인지, 아니면 나만의 가치를 만들 것인지가 문제입니다. 자신의 주도권을 놓치지 않으려면 어떤 일을 해야 하는지 생각해보았습니다. 내가 정말 좋아하는 게 무엇인가? 그 일을 어떻게 나만의 것으로 만들어갈 것인가?

이처럼 적응을 위한 노력이 내재화된 삶을 산다면, 더이상 적응과 일상을 분리할 필요가 없어집니다. 덕과 업이 일치되는 것입니다.

현재 안정적인 직장에 다니는데도 불안함에 뭔가 계속 배우는 사람들이 많습니다. 바리스타 자격증을 따거나, 퇴근 후에 책 쓰기 수업을 들을 수도 있어요. 그러나 이 모든 시도가 현실적 경쟁력을 갖추기는 어렵습니다. 내 몸에 체화될 만큼 실질적인 결과물을 내기 어렵기 때문입니다. 원데이클래스를 매일 배우고 있는 셈이죠.

그게 아니라 일상에서 내가 하는 일 자체를 혁신하면 어떨까요? 예컨대 데이터를 기반으로 의사결정하는 프로세스를 내재화하거나 업무 하나하나를 개선한다면, 그 혁신과정 자체가 배움의 과정이 되어 내 경쟁력으로 치환될 수 있습니다.

그러려면 중요한 것은, 일을 해야죠. 더 중요한 것은, 대행을 주면 안 돼요.

누군가에게 업무를 맡기면서 자기 일을 한다고 착각하는 사람들이 있습니다. 강연을 나가면 가끔 이런 대화를 주고받곤 합니다. "어떤 일 하세요?" "마케팅 일을 하죠." "마케팅 일이 어떤 건데요?" "우리 브랜드의 헤리티지와 에센스를 강화하는 행위를 말하죠." "구체적으로 어떤 일을 하시나요?" "광고도 만들고, 프로모션 콘텐츠도 제공하고, BTL 활동으로 여러 이벤트도 하죠." "그런 일을 누가 하나요?" "대행사요." 대행사는 다시 또 누구에겐가 하청을 주겠죠. 이건 본인이 한 게 아닙니다. 내가 했다고 착각하지만 실제로는 내가 한 게 아니에요.

대행에 맡기지 않고 직접 해야 합니다. 사회가 날이 갈수록 분주해지고 복잡해지면서 각자의 일이 분업화되고 있어요. 심지어 글로벌소싱도 됩니다. 그러다 보니 바삐 일하고는 있지만 구조 속의 일부에 속한 터라 전체 큰그림을 볼 기회가 적어집니다. 내 일이 전문화됐다 해도 전체와의 상호연관성이 희미해지면 그 결과물이 어떨지 파악하기 어려워집니다. 그러다 보면 어느 순간엔가 또 소외됩니다. 분업화되는 일은 언젠가 프로세스화되고, 그러면 자동화되기 때문입니다.

그러므로 자기 역할을 통합적으로 바라볼 수 있는 전체 시야를 가지고 내가 하는 일을 하나의 업으로 승화시킬 만큼 수련과 관점을 높이는 작업이 요구됩니다.

그렇게 내 삶을 정진하는 과정에서 자연스럽게 얻게 되는 생활 근육이 저는 '성장'이라 생각합니다.

예전 뱃사공 아저씨는 평생 헬스클럽에 간 적이 없지만 멋진 근육이 있었습니다. 생활근육입니다. 매일같이 일을 하면 내 안에 근육이 남습니다. 이 생활근육이 말하자면 성장의 지표입니다. 근육을 키우기 위한 운동, 성장을 위한 삶을 사는 게 아니에요. 내가 삶에 꾸준히 적응한 결과가 성장이라는 생활근육으로 올라오는 것입니다.

말하자면 성장은 목표가 아니라 과정에서 훈장처럼 주어지는 것입니다. 자신이 직접 일해서 남는 성장의 결과는 나에게 경쟁력으로 남게 될 것입니다.

그러려면 무엇을 해야 할까요? 현행화를 꾸준히 해야겠죠. 생활이란 잠시 잠깐 하고 멈추는 게 아니라 지속되는 것이니까요. 이를 위해 필요한 것으로 크게 3가지를 말하고 싶습니다.

첫째는 이성적 사고입니다.

데이터가 남고 각자의 기록이 나의 메시지가 되기에 생각 없이 시도하면 안 됩니다. 특히 만나지 않은 채 협업하는 세상에서는 이성적 사고가 무척 중요합니다. 이제는 데이터 리터러시, 통계적 해석능력, 데이터 기반의 의사결정 능력이 누구에게나 필요하게 될 것입니다.

이 3가지는 말하자면 똑똑해지기 위한 플랫폼이에요. 내가 다른 사람들과 생각을 같이하려면 공인된 정보를 공유해야 하는데, 이는 데이터와 시스템과 리터러시의 합으로 만들어집니다.

둘째는 업의 진정성입니다.

이성적 사고가 충족되면 자신의 업에 대해 다시 정의하고 적용해보아야 합니다. 자신이 한 말과 행동이 진짜 자기 것이어야 하고 서로 어긋남이 없어야 합니다. 따라서 업무에 필요한 전문적 지식은 당연히 요구될 것입니다. 자기다움에 대한 추구, 직업윤리도 필요하고요. 진정성이란 곧 자기다움의 윤리니까요. 직업이라는 것 자체가 여럿이 합의한 분업 시스템이기 때문에 이 모든 것은 사회적 역할 속에서 바라보아야 합니다.

셋째, 이렇게 진정성을 기반으로 협업하는 것은 결국 공존으로 연결됩니다. 그것도 성숙한 공존입니다.

지금까지는 공존이 '너는 이거 써, 난 이거 쓸게' 하는 식이었다면, 이제는 서로가 배려하고 함께함으로써 공공선을 만들 수 있는 공동체가 요구되고 있습니다. 관계가 폭증했기 때문이에요. 과거에는 100명 정도만 만났다면 이제는 디지털로 백만 단위까지 움직일 수 있을 만큼 관계가 확장됐습니다. 확장된 만큼 공존의 개념 또한 더욱 성숙해질 필요가 있습니다.

이성적 사고, 업의 진정성, 성숙한 공존은 앞으로 우리가 배워야 할 중요한 이슈가 될 것입니다. 지금까지는 이런 것들을 학교에서 가르쳤습니다. 그런 다음에는 더이상 배우지 않았죠. 세상이 이렇게 휙휙 바뀌는데 현행화가 잘 이루어지지 않았다는 뜻입니다.

물론 과거에는 생산기술이 크게 변화하지 않았기에 현행화 요구가 크지 않았던 건지도 모릅니다. 기존의 경쟁력으로 평생 먹고 살 만큼 인간의 수명이 짧기도 했고요. 이제는 반대로 혁신이 빨라지고 수명은 길어졌습니다. 내 업보다 내가 더 오래 살아요. 그만큼 내 업을 현행화하라는 요구가 더 커질 것이므로 성인에게도 현행화 교육이 필요합니다.

이것이 제가 생각하는 재사회화resocialization입니다. 이제는 젊은 세대만 가르치는 교육의 영역을 확장해 성인기에 들어선 이들이 변화된 생산방법과 사회구조에 적응할 수 있도록 교육하는 시스템과 교육기관이 필요해질 겁니다.

재사회화는 개인의 중요한 미션인 동시에 조직이 반드시 수행해야 할 역할이기도 합니다. 지금도 많은 기업이 관리자를 대상으로 역량강화 교육을 합니다. 해외 기업에서는 자기 역량을 업데이트하는 건 철저히 본인 책임이어서, 그걸 못하면 잘리죠. 그러나 한국은 얼마 전까지 종신고용의 미덕이 통용되었기에 기회를 줍니다. 역량강화 교육을 열심히 시켜요. 최근 이슈는 아마 DT_{digital transformation}였죠.

개개인의 역량을 키우는 것도 중요하지만 그건 개인의 역할로 맡기고, 조직은 함께 성장하기 위한 재사회화를 좀 더 고민하라고 권하고 싶습니다. 상명하복, 위계, 유니폼을 입고 한꺼번에 하는 노력이 더이상 통하지 않고, 각자의 전문성이 합쳐져 시너지 효과를 일으키는 작업을 해야 하기 때문입니다.

앞서 말한 것처럼 예전에는 비슷한 이들이 모여서 돕는 구조였다면 이제는 어벤저스처럼 이미 완성된 이들이 모이는 구조로 바뀌게 될 것입니다. 그러므로 개인은 먼저 준비된 상태가 되기 위해 노력해야겠죠. 그리고 완성된 사람들이 함께 일할 수 있도록 협업을 지원하는 것이 조직의 가장 큰 역할이 되지 않을까요.

더욱이 이제는 승진으로 동기부여가 되지 않으니 이에 대해서도 고민이 필요합니다. '우리가 하는 일은 훌륭한 일이야', 이건 좋습니다. 대의로 동기부여하는 거니까요. '당신이 이 일을 잘하니 인정할게', 이것도 좋습니다. 그러나 '이걸 해야 월급을 받아'라거나 '이걸 해야 승진할 수 있어' 같은 말로는 동기부여가 어렵습니다. 이런 가치관의 변화를 이해하고, 현재의 기준에 조직의 사고체계를 맞추려는 노력이 필요합니다.

얼마 전에 어느 큰 제조기업에 가서 신입사원 대상으로 강의를 했습니다. 원래는 입사 직후에 해야 할 연수가 코로나19 때문에 몇 달 미뤄진 터였습니다. 그사이에 회사생활을 하며 저마다 느낀 게 있을 테니, 이노베이션을 위해 회사의 문제점을 말해보라고 했습니다.

그런데 특이하게도 누군가 잔반 얘기를 하더군요. 구내식당 반찬을 남길 때마다 죄책감이 느껴져 잔반 없애는 캠페인을 해보고 싶다는 것입니다. 그래서 잔반이 왜 남는지 조사해보라고 했더니 흥미롭게도 첫 번째 이유가 식판이 예쁘지 않아서였습니다. 구내식당 식판은 학교나 군대에서 보던 배식용 식판이라 먹다 보면 밥맛이 떨어진다는 것입니다. 그럴 수 있죠.

두 번째 이유는 선배와 같이 가면 선배가 얼른 다 먹고 쳐다본대요. 그것만으로도 체할 것 같은데, 말을 붙인답니다. 오전에 실수한 이야기를 굳이 꺼내고, "이건 왜 안 먹나?" 하고 훈수를 두니 목이 막혀서 버리고 나온다는 것입니다. 그래서 코로나가 즐겁다고 합니다. 벽 보고 혼자 먹게 해줬으니까요.

제가 만난 오래된 자수성가형 중소기업은 하나같이 식당이 엄청나게 좋아요. 그리고 세 끼를 제공한다는 걸 늘 강조합니다. 직원들 생각도 같을까요? 함께 식사하지 못하도록 식당 배치를 바꾸면서 회사는 직원들 사이의 인화가 약해질까 봐 걱정했지만 웬걸, 직원들은 너무 좋다고 합니다. 그뿐 아니라 세 끼를 준다는 것은 야근이 상시화된 조직이라는 뜻이라 지원자들은 무조건 믿고 거른다는 사실을 사장님은 과연 아실까요?

이처럼 각자의 생각이 다릅니다. 회사는 여전히 '한솥밥'이란 말을 쓰는데 직원은 '밥 먹을 때만이라도 제발 건드리지 말라'는 심정인 거죠. 이런 괴담이 직장인 커뮤니티에 차고 넘칩니다. 청국장 효능에 눈뜬 부장님 때문에 2주 내내 점심에 청국장을 먹고 있다는 게시물에 '나는 2주째 생태탕' 같은 댓글이 달립니다. 부장님이 계속 술을 마셔서 점심 해장에 동원되는 거죠. "순댓국은 내장을 시켜야지, 먹을 줄 모르는구나?" 하면서 깍두기 국물을 부어준다는 둥, 냉면 잘라 먹었다고 잔소리 들었다는 둥, 모두 가르쳐주는 척하면서 하는 군소리입니다. 기본은 무례함이고요. 내가 너의 모든 일상생활을 충고하고 제한할 수 있다는 발상 자체가 무례하죠.

그래서 다시 강조하지만, 재사회화가 필요합니다. 부장님이 알고 있는 수직적 관계가 이제 통하지 않는다는 걸 공유하기 위해서라도 재사회화가 필요해요. 과거와 같은 종신계약도 통하지 않는 마당에, 각자가 인간으로서 가진 존엄함을 인식해야죠. 이런 재사회화가 이루어지지 않은 부장님은 갈등 상황에서 서로의 대등함을 인식하는 대신 '이것들이 감히?'라며 화를 내게 됩니다.

저 또한 재사회화에서 자유로울 수 없습니다. 20~30대 동료들과 스터디 그룹을 만들어 10년 넘게 함께 공부하고 있는데, 애초 의도는 제가 경험한 것을 전해주려는 것이었습니다. 그런데 어느 순간 보니 제가 그분들에게 배우고 있더군요. 데이터로 변화를 관측하지만, 그것을 미처 피부로 실감하지는 못할 때가 있습니다. 그럴 때 그분들이 변화된 세상의 길잡이가 되어줍니다.

물론 여기에는 모두의 자질이 훌륭해야 한다는 전제가 있습니다. 그 전제하에, 경쟁이 아니라 함께 가는 상보의 문화가 있는지가 중요해지고 있습니다. 함께할 때 더 많이 배우게 되고, 사람들과 토론할 때 나오는 상호작용이 소중하기 때문입니다. 이런 도반, 즉 사제나 사형 같은 사람이 있으면 당연히 좋겠죠. 반면 구성원 사이에 협력의 라포가 형성되지 않으면 새로운 아이디어를 내기 어렵습니다. 하찮은 아이디어라도 '그 생각 재미있네' 하는 분위기에서 용기가 고양되는 건 당연하죠. 수평적 문화에서는 좋은 동료와 함께 일하는 것이 중요하다는 생각이 점점 높이 올라갈 것입니다.

그래서 더욱더 현행화가 중요합니다. 본인의 배경능력이나 경력을 업데이트하는 것입니다. 업무 경험이 있지만 또 배우는 거죠. 이를 다른 말로 커리어 관리라고도 합니다.

이 노력을 나이 들어서도, 살아가는 내내 하게 될 것입니다. 업에서든 개인생활에서든 인간은 상호작용 없이는 살아갈 수 없는 존재이므로, 함께 성장하려는 노력도 평생 계속되어야 합니다.

이성적 사고

업의 진정성

성숙한 공존

10년 후, 다시 부끄럽기를

10년은 얼마나 긴 시간일까요? 10대 중반에 데뷔하여 꾸준히 좋은 음악을 발표한 가수가 데뷔 10년 만에 대중음악 시상식에서 대상을 받자 1만 시간의 법칙을 들어 치하하는 신문기사를 봤습니다. 심리학자 앤더스 에릭슨이 1993년 발표한 논문에서 설명한 법칙으로, 하루에 3시간씩 10년을 꾸준히 노력해야 전문가의 경지에 이를 수 있다는 이야기 말입니다. 부모님의 원수를 갚기 위해 20년의 절차탁마를 행하는 무협지 주인공을 우리가 감탄하며 바라보는 것은, 새해 다이어트 결심 따위는 어제 늦은 밤 배달시킨 치킨과 함께 이미 날아간 것을 스스로 잘 알고 있기 때문입니다.

10여 년 전의 분석자료를 꺼내며 변화의 기시감에 놀라기도 했지만, 한편으로는 자료의 표현이나 매무새가 오래된 영화 속 등장인물들의 패션처럼 촌스럽게 보여서 새삼스러웠습니다. 그때 그렇게 자신 있게 만들고 안팎으로 공유하던 자료들이 지금의 눈높이로 보면 모자라는 부분이 많아 민망하고 부끄러웠죠.

10년 전을 돌아보고 얼굴이 붉어지다 다시 든 생각은, 10년 후에도 같은 감정을 느낄 수 있기를 바라는 것이었습니다. 적어도 멈춰 있지 않고 천천히라도 나아지고 있다는 안도감 때문입니다. 같은 일을 숙련하는 것에 그치는 것뿐 아니라, 선비는 사흘만 지나도 눈을 비비고 다시 보아야 한다는 〈삼국지〉 속 여몽의 이야기처럼 더 나아짐을 위해 노력하는 것, 그것이 우리 삶의 의미가 될 수 있지 않을까요.

나이 들수록 시간이 빠르게 흐르는 것 같다는 어른들의 이야기에 과학은 다양한 설명을 시도합니다. 도파민의 분비와 새로움이 줄어드는 감각의 변화에서부터, 다양한 의무에 지난한 일상이 반복되기 때문에라도 바쁜 것처럼 느낀다는 것이죠. 하지만 그 바쁨이 우리의 성장을 위해 쓰이고 있을까요? 술 마시고 있다는 부끄러움을 잊기 위해 술을 마시는 〈어린 왕자〉 속 주정뱅이처럼, 허무함을 잊기 위해 "바쁘시죠?"를 서로 주고받기보다 왜 바쁜지 멈춰 고민해봐야 하지 않을까요?

미래는 지금도 만들어지고 있습니다. 각자의 욕망이 모이면 변화가 만들어집니다. 이 변화를 이해하는 작업을 누군가는 육감이라 말하고 누군가는 예측이라 합니다. 변화를 이해하고 따르는 삶을 누군가는 순리順理라 하고 누군가는 적응이라 부릅니다.

지능화의 연결로, 과학과 기술의 발전으로 변화의 삶은 현생인류의 숙명이 되었습니다. 심지어 변화의 속도에 발을 맞추는 것까지가 우리 과제입니다. 너무 빨리 움직이면 공감을 얻지 못하고, 너무 늦게 움직이면 세칭 '꼰대'라고 비난을 받습니다.

쉽지 않은 변화의 방향과 속도를 맞추기 위해 내 삶의 방향을 다시 생각해보는 것은 어떨까요? '일단 도전!' 하는 식으로 그냥 하지 말고, 세상의 변화에 내 몸을 맞추는 과정을 성실하게 치러내시길 바랍니다. 성실은 의미를 밝히고 끈기 있게 헌신하는 것입니다. 근면은 생각이 배제된 성실함이고요. 앞으로의 시대는 생각 없는 근면이 아닌 궁리하는 성실함이 필요합니다. '그냥 하지 말라Don't Just Do It'고 말씀드리는 이유입니다.

새로운 시대의 전문가는 학력이나 이력, 경력을 내세우는 전문가가 아니며, 단순히 덕후도 아닙니다. 근본이 있고 애호와 전문성을 갖추며, 그런 자신을 브랜딩할 수 있는 개인들이 살아남을 겁니다. 깊게 하는 사람이 살아남습니다. 깊이 들어가면 오래하게 되고, 자연스레 역사가 생깁니다. 그 과정에서 여러분을 믿고 지지해줄 팬덤이 생기죠. 그게 곧 브랜딩 아닌가요?

그런 개인들이 더 큰 영향력을 발휘할 수 있는 기반 환경도 갖춰졌습니다. 과학기술의 발전과 시스템화로 큰 조직만이 가능했던 일을 이제는 팀이 해내고, 팀이 해내던 일을 개인이 해낼 수 있습니다.

이를 위해서는 자기 것을 만들고, 현행화를 통해 나의 능력과 사회성을 갖추는 노력이 필요합니다. 결국 재사회화입니다. 재사회화는 깨어 있으려는 노력입니다. 과거의 기준에 머무르지 않고 현재의 변화에 맞춰 혁신을 수용하는 자세가 우리를 과거가 아닌 현재에, 나아가 미래에 있게 할 것입니다.

그러려면 기존 사회의 흐름에 대해 '아니'라고 할 수 있는 결기도 필요하겠군요. 방향이 맞다면 속도가 더 당겨지거나 늦춰질지언정, 일어날 일은 일어납니다. 그러니 방향을 생각했다면 당장은 여러분의 생각이 받아들여지지 않더라도 낙담하지 말라는 말씀을 드리고 싶어요. 오늘부터 움직이면 됩니다.

이 책이 우리 사회가 변화하는 방향을 가늠해보고, 내 미래를 만들어가기 위한 시작점을 고민해보는 시간이 되었기를 바랍니다.

다음 10년 후의 부끄러움을 다시 또 기대합니다.

그냥 하지 말라

2021년 10월 5일 초판 1쇄 발행
2024년 1월 10일 초판 37쇄 발행

지은이 송길영

펴낸이 김은경
편집 권정희
마케팅 박선영, 홍하은
디자인 황주미
경영지원 이연정
펴낸곳 ㈜북스톤
주소 서울특별시 성동구 성수이로7길 30, 2층
대표전화 02-6463-7000
팩스 02-6499-1706
이메일 info@book-stone.co.kr
출판등록 2015년 1월 2일 제2018-000078호
ⓒ 송길영
(저작권자와 맺은 특약에 따라 검인을 생략합니다)
ISBN 979-11-91211-46-7 (03320)

북스톤은 세상에 오래 남는 책을 만들고자 합니다. 이에 동참을 원하는 독자 여러분의 아이디어와 원고
를 기다리고 있습니다. 책으로 엮기를 원하는 기획이나 원고가 있으신 분은 연락처와 함께 이메일 info@
book-stone.co.kr로 보내주세요. 돌에 새기듯, 오래 남는 지혜를 전하는 데 힘쓰겠습니다.